DESCOMPLICANDO O CÓDIGO DE DEFESA DO CONSUMIDOR

LÚCIO WANDECK DE BRITO GOMES

DESCOMPLICANDO O CÓDIGO DE DEFESA DO CONSUMIDOR

Explicações claras, precisas e objetivas

EDIÇÃO REVISTA E ATUALIZADA

2ª edição

CIP-BRASIL. CATALOGAÇÃO-NA-FONTE
SINDICATO NACIONAL DOS EDITORES DE LIVROS, RJ.

G615d Gomes, Lúcio Wandeck de Brito
2.ed.   Descomplicando o Código de Defesa do Consumidor / Lúcio Wandeck de Brito Gomes. - 2.ed. - Rio de Janeiro: BestSeller, 2011.

ISBN 978-85-7684-504-1

1. Brasil. [Código de defesa do consumidor (1990)]. 2. Defesa do consumidor - Legislação. I. Título.

10-6172   CDU: 34:366(81)

Texto revisado segundo o novo Acordo Ortográfico da Língua Portuguesa.

Título original
DESCOMPLICANDO O CÓDIGO DE DEFESA DO CONSUMIDOR
Copyright © 1991 by Lúcio Wandeck de Brito Gomes

Capa: Elmo Rosa
Editoração eletrônica: Abreu's System

Todos os direitos reservados. Proibida a reprodução, no todo ou em parte, sem autorização prévia por escrito da editora, sejam quais forem os meios empregados.

Direitos exclusivos de publicação em língua portuguesa
para o Brasil reservados pela
EDITORA BEST SELLER LTDA.
Rua Argentina, 171, parte, São Cristóvão
Rio de Janeiro, RJ — 20921-380

Impresso no Brasil

ISBN 978-85-7684-504-1

Seja um leitor preferencial Record.
Cadastre-se e receba informações sobre nossos lançamentos e nossas promoções.

Atendimento e venda direta ao leitor
mdireto@record.com.br ou (21) 2585-2002

Homenagens

In memoriam

*A meus pais,
consumidores comedidos
de bens materiais,
porém "fornecedores" desmedidos
 de bons exemplos e
de princípios éticos e morais.*

Sumário

APRESENTAÇÃO: *Descomplicando o Código de Defesa do Consumidor* 9
Por que resolvemos escrever este livro • Rui Barbosa

CAPÍTULO 1: *Conceitos* 15
A Inversão do Ônus da Prova

CAPÍTULO 2: *Os Direitos Básicos do Consumidor* 21

CAPÍTULO 3: *Produtos e Serviços Perigosos ou Nocivos* 24
Produtos Defeituosos que Façam Mal ao Consumidor •
Serviços Defeituosos que Façam Mal ao Consumidor •
Os Casos dos 2 SINS

CAPÍTULO 4: *As Práticas Abusivas* 33

CAPÍTULO 5: *Contratação de Serviços* 37

CAPÍTULO 6: *Informações sobre Produtos e Serviços* 39

CAPÍTULO 7: *A Responsabilidade por Vício do Produto* 45
Produtos com Defeitos de Qualidade • Produtos
Inadequados • Produtos com Defeitos de Quantidade
• Produtos com o Valor Diminuído • Prazos para o
Fornecedor Consertar Produtos (não confundir com
"prazos para o consumidor reclamar")

Capítulo 8:	*A Responsabilidade por Vício do Serviço*	52
	Peças Originais • Serviços Defeituosos e os Órgãos Públicos	
Capítulo 9:	*Prazos para o Consumidor Reclamar de Defeitos de Produtos ou Serviços*	56
	Prazos para o Consumidor Reclamar de Defeitos de Produtos ou Serviços • Observações Muito Importantes	
Capítulo 10:	*Regras Gerais Aplicáveis Tanto a Produtos Como a Serviços*	60
	Regras Gerais Aplicáveis Tanto a Produtos Como a Serviços • Desconsideração da Personalidade Jurídica	
Capítulo 11:	*Publicidade, Oferta e Práticas Comerciais*	65
Capítulo 12:	*Os Contratos*	71
Capítulo 13:	*As Cláusulas Abusivas*	76
Capítulo 14:	*Os Contratos de Adesão*	89
Capítulo 15:	*A Cobrança de Dívidas*	95
	Bancos de Dados e Cadastros de Consumidores • Punições Administrativas	
Capítulo 16:	*Infrações Penais*	98
Capítulo 17:	*Outros Dispositivos que Regulam as Relações de Consumo*	107
	Outros Dispositivos • O SAC – Serviço de Atendimento ao Consumidor • A Defesa do Consumidor na Justiça	
Capítulo 18:	*O Sistema Nacional de Defesa do Consumidor*	112
	O Sistema Nacional de Defesa do Consumidor • Desobediência • Conmetro, Inmetro, Comissões, IPEM, Promotorias e Juizados • A Convenção Coletiva de Consumo	
Capítulo 19:	*Consultas*	118
	Internet • DNDC e Anvisa • Sindec	
Palavras Finais		125
Apêndices		127

APRESENTAÇÃO

Descomplicando o Código de Defesa do Consumidor

Lei 8.078, de 11 de setembro de 1990
(http://bit.ly/j8xdA)

Quem compra alguma coisa é consumidor. Quem se utiliza de algum serviço também é consumidor.

Já a pessoa que vende alguma coisa ou presta algum serviço é chamada de fornecedor.

Pois bem, este livro foi escrito para consumidor e fornecedor.

Para o consumidor, para que ele saiba quais são os seus direitos.

Para o fornecedor, para que ele saiba quais são as suas obrigações.

Diariamente ocorrem milhões de transações que não acarretam insatisfações ou reclamações dos consumidores.

Os consumidores entram nas lojas, pedem o que desejam, pagam o preço e saem satisfeitos com a qualidade do que compraram. No máximo, reclamam do preço...

Porém, muitas vezes, ocorre abuso.

Se eles compram uma geladeira nova e ela já vem com defeito, há abuso.

Se os seus telefones celulares dificilmente recebem as chamadas, também há abuso.

Se os consumidores reclamam de algum defeito e fica aquele "jogo de empurra" entre o comerciante e o fabricante, também há abuso.

Pois bem, para defender o consumidor da possibilidade de vir a sofrer abuso, foi publicada a Lei nº 8.078, de 11 de setembro de 1990, denominada de *Código de Defesa do Consumidor.* Esse Código entrou em vigor no dia 11 de março de 1991.

Vamos nos referir frequentemente a esse Código, às vezes chamando-o de Código, outras, simplesmente de CDC, ou mesmo de lei.

Por que resolvemos escrever este livro

A essa altura, você pode muito bem perguntar: por que valerá a pena eu ler este livro se posso muito bem ler diretamente o que foi escrito no Código?

Realmente, você teria toda a razão em fazer essa pergunta, porque as leis deveriam ser escritas para que todos as entendessem. Mas não é o que acontece. Elas são redigidas em linguagem complicada, difícil, especializada, muitas vezes só acessível a advogados, promotores, procuradores e juízes.

Infelizmente, o *Código de Defesa do Consumidor* não ficou excluído dessa regra.

Rui Barbosa

Em 1902, portanto há mais de cem anos, chegou às mãos de Rui Barbosa, então Presidente do Senado, e, sem dúvida, o homem mais culto de seu tempo, o projeto do nosso antigo Código Civil elaborado pela Câmara dos Deputados.

Tratava-se de um vastíssimo volume com 1.814 artigos, que foram, um a um, examinados em pouco mais de trinta dias por Rui, que remendou quase todos.

Um deles dizia assim: "As despesas de enterro podem ser *repetidas* daquele que teria obrigação de alimentar o falecido."

Ora, "*repetidas*", por incrível que pareça, é o mesmo que "*cobradas*", porém Rui substituiu essa palavra porque ninguém entenderia.

Pois bem, não temos mais Rui Barbosa no nosso Congresso, e porque não o temos, no nosso *Código de Defesa do Consumidor* está escrito o seguinte:

> O consumidor cobrado em quantia indevida tem direito à *repetição* do indébito, por valor igual ao dobro do que pagou em excesso, acrescido de correção monetária e juros legais, salvo hipótese de engano justificável.

Ora, quem entenderá essa linguagem complicada?
Que falta faz o Rui!

Os congressistas poderiam ter escrito: "Se o fornecedor, propositalmente, cobrar do consumidor quantia superior à que o consumidor deve, terá que devolver em dobro o que recebeu a mais, com correção monetária e juros."

Simples, não? Todos entendemos, não é mesmo?

Sabemos que nem tudo pode ser escrito em linguagem popular, porém os congressistas, que, para melhor, tanto inovaram neste Código, invertendo princípios que pareciam destinados à imutabilidade (ônus da prova, por exemplo), perderam excelente oportunidade de redigi-lo com linguagem acessível ao público desassistido a que mais se destina: à massa popular.

No CDC está escrito que os contratos serão redigidos em termos claros, de modo a facilitar a sua compreensão pelo consumidor, porém o CDC não aplicou essa regra para si próprio: para a maioria dos fornecedores e consumidores, o CDC é bem complicado! Que se reservasse, apenas, o título III (Da Defesa do Consumidor em Juízo) para o emprego de termos jurídicos, o CDC seria lido com facilidade.

Assim, resolvemos explicar o *Código de Defesa do Consumidor* para que todos possam entendê-lo e para que essas regras, ao se tornarem claras, tenham chances de serem respeitadas.

Optamos por *não reescrever* o Código considerando que o objetivo de descomplicá-lo será mais bem-sucedido se nos limitarmos a *explicá-lo*. O CDC, como quase todas as leis, usa e abusa da péssima técnica de incluir parágrafos remissivos, de combinar artigos, de não prestar esclarecimentos, de não dar exemplos. Na medida do possível, adotamos sistemática completamente diferente.

Nem sempre foi fácil interpretar os dispositivos do CDC. Muitas vezes foi necessário recorrer, simplesmente, à interpretação gramatical. Outras, comparar o que está no CDC com as reclamações publicadas na imprensa. Quando, há 19 anos, publicamos a 1ª edição desta obra, escrevemos:

> Como se trata de lei nova, de prática recente, não foi, consequentemente, submetida à interpretação dos juízes, o que, certamente, virá confirmar ou negar o entendimento a que chegamos. Sua perfeita compreensão só virá com o debate no correr dos anos, através de jurisprudência firmada pelos tribunais."

Pois bem, decorridos tantos anos, o CDC sofreu alterações que o tornaram melhor, assim como a Justiça apreciou milhares de demandas, interpretando os dispositivos dessa lei, ou, conforme expressão da lavra do ministro Edson Vidigal, do Superior Tribunal de Justiça-STJ: "Ora, leio a lei e a interpreto conforme as realidades sociais em derredor."

Esse é o papel do juiz, porque a letra fria da lei não pode prever todos os casos e todas as minúcias que envolvem as relações de consumo. Somam-se a essa incapacidade os variados critérios interpretativos que adornam o processo na esfera judicial, em que decisões muitas vezes divergentes socorrem-se de princípios e teorias, tais como a da previsibilidade, a da razoabilidade, a da hipossuficiência, a da boa-fé objetiva e a do princípio da precaução. A tudo isso também se acrescentam a atividade regulatória setorial, a interpretação de legitimidade, os nexos. Não invejo aqueles que têm por profissão administrar justiça. É atividade edificante, mas extenuante, haja vista a enorme quantidade de normas com que têm de lidar para o melhor cumprimento da missão que lhes cabe.

O governo federal publicou várias instruções e medidas visando ao melhor entendimento do CDC. Esse conjunto de normas contribuiu para o aprimoramento das relações de consumo.

Ao redigirmos esta 2ª edição, levamos em consideração as principais novidades e decisões judiciais. Não examinamos todas as decisões, uma a uma, porque esta obra é um livro destinado a orientar o consumidor, não se trata de uma enciclopédia sobre relações de consumo. Aos interessados em aprofundar conhecimentos sobre o tema, sugerimos a leitura do capítulo Consultas.

Seguem, no Apêndice, o atual texto do CDC, as normas e os regulamentos dele decorrentes, e as correlatas.

Este livro não tem a pretensão de substituir a lei. Seu conteúdo tem natureza meramente exemplificativa. Cabe ao leitor e aos operadores do direito comparar a letra da lei com o que nos propomos a explicar nos capítulos que seguem, para chegarem às próprias deduções e conclusões, que, sim, deverão balizar seus direitos, obrigações e pretensões, no que tange às relações de consumo.

Este livro foi escrito como se o autor se dirigisse, exclusivamente, aos consumidores, porque esse é o objetivo da lei, o que não significa que será colocada em plano inferior, nas relações de consumo, a figura do fornecedor, cujas práticas, algumas abusivas, são decorrentes do nosso subdesenvolvimento socioeconômico e cultural. O Código procura corrigir essas distorções exigindo, para exemplificar, do prestador de serviços que ele prepare orçamento prévio.

Cabe então a pergunta: como exigir isso do mecânico "autônomo" estabelecido no terreno baldio da esquina que nem sabe escrever o próprio nome?

Bem, ao longo dessas duas décadas, tais distorções vêm sendo pouco a pouco corrigidas. Caminhamos muito no sentido de conscientizar o povo com relação a seus direitos, e os fornecedores sobre suas obrigações. A tendência natural é assim continuarmos. Desse modo, todos ganharemos.

Finalmente, uma explicação de ordem literária: nosso leitor será o Dr. Flamarion, a escritora Ângela, o coronel Simas, a professora Sonja, o economista Guilherme, o funcionário público Márcio, a empresária Luciana, mas também será a dona de casa Iolanda, a escriturária, o vestibulando Yuri, o pequeno comerciante, as jovens Diana, Luíza, Laís, Maria Clara, os meninos Mateus e Eduardo, a pequena Helena, enfim, um universo de consumidores e fornecedores. Muitos deles não entenderiam o significado de várias palavras que, se empregadas, dariam mais elegância ao texto. Assim, optamos por escrever em linguagem simples e até ignorar certas próclises, mesóclises e ênclises, bem como em incorrer em vícios de linguagem, tudo no afã de facilitar a descomplicação do Código.

O Autor

CAPÍTULO **1**

Conceitos

O Código define, para efeito da aplicação dessa lei, as palavras CONSUMIDOR, FORNECEDOR, PRODUTO e SERVIÇO. Vamos explicar.

CONSUMIDOR

É toda pessoa física ou jurídica que adquire ou utiliza produto ou serviço como destinatário final. Essas mesmas pessoas, empresas ou entidades também são consumidoras quando contratam algum *serviço* para uso próprio.

Notas
1. Quem compra para revender ou beneficiar não é consumidor.
2. O CDC equipara a consumidor não só as pessoas que tomam diretamente parte nas transações, mas também as que tenham vontade de (ou se achem sujeitas a) adquirir algum produto ou se utilizar de algum serviço.
3. Em recente decisão publicada no site do Superior de Tribunal de Justiça – STJ, em 30/8/2010, o Tribunal entendeu que a compra de bens ou serviços para incrementar negócios de empresa não configura relação de consumo.
4. Mas nem sempre a decisão do STJ manteve esse entendimento, porquanto, quatro dias antes, julgando recurso em que uma

mulher se considerava vítima de cláusulas abusivas inseridas em contrato de compra de máquina de bordar para usar em prol da subsistência de sua família, levou em conta a vulnerabilidade técnica, jurídica e econômica da mulher e lhe deu ganho de causa. O STJ é sábio, porquanto o juiz deve levar em conta todos os fatos e circunstâncias inerentes à demanda sob exame.

5. Segundo decisão publicada em 27/10/2007, no site do Superior Tribunal de Justiça-STJ, consumidor é quem usa o serviço e não a pessoa que figura no cadastro de concessionária de serviços públicos. Explico: a conta da água encanada pode estar em nome da antiga moradora, D. Vládia, que se mudou sem pagar a última fatura. A Dra. Clarice, que foi morar no mesmo imóvel, mas ainda não providenciou a transferência de nome na companhia fornecedora, é, perante a Justiça, a consumidora.

6. Por outro lado, há outras decisões adotadas no âmbito da competência do STJ que, mesmo não integrando as normas elencadas no CDC, constituem prova de amparo aos direitos do consumidor. Referimo-nos, em especial, àquela que diz respeito à concessão de passes livres nos transportes municipais e intermunicipais aos portadores de deficiências físicas e de determinadas doenças. Essa concessão depende de perícia médica e visa, sobretudo, a amparar o consumidor de baixa renda, alcançando, muitas vezes os seus familiares, quando o portador da deficiência necessita de alguém que o acompanhe aos hospitais e postos de saúde.

7. De acordo com decisão proferida pelo STJ, o participante de plano de previdência privada é considerado consumidor.

FORNECEDOR

Reza o CDC, com as alterações que nele foram introduzidas, que:

Fornecedor é toda pessoa física ou jurídica, pública ou privada, nacional ou estrangeira, bem como os entes despersonalizados, que desenvolvem atividade de produção, montagem, criação, construção, transformação, importação, exportação, distribuição ou comercialização de produtos ou prestação de serviços. Ente despersonalizado é, por exemplo, o condomínio. Ele presta serviços aos moradores.

NOTAS

1. O STJ condenou uma companhia aérea a pagar 20 mil reais de indenização por danos morais a uma passageira boliviana, residente no Brasil, que embarcou em um voo, acompanhada da filha brasileira, com destino a Paris e escala em Londres. O STJ entendeu que a empresa aérea deveria ter informado à mãe boliviana que, para entrar na França, teria de obter visto consular antes de viajar, segundo previa, naquela ocasião, a legislação francesa. Se assim houvesse agido, a mãe boliviana não teria passado pelo contratempo a que se sujeitou em Londres, pois não pôde dar seguimento à viagem para Paris, vendo-se obrigada a retornar ao Brasil. Só a filha prosseguiu, porque tinha compromissos profissionais na França e o visto necessário. O STJ decidiu que "é impróprio o serviço (art. 20, § 2º, do CDC) que se mostra inadequado ao fim que razoavelmente dele se espera. Essa razoabilidade está intimamente ligada ao direito de informação do consumidor (art. 6º, III, do CDC)".
2. Em outra decisão, envolvendo o reparo ou a troca de produto adquirido no estrangeiro, tendo a empresa que revende esse produto no Brasil decidido não prestar assistência à reclamação do consumidor, o STF decidiu que "se a Panasonic está em todos os lugares, ela pode prestar serviços em todos os lugares". Decisão acertada. O autor desta obra já teve negada pretensão de obter, no Brasil, o conserto de uma máquina fotográfica Sony, por tê-la adquirido no estrangeiro. Absurdo!

Prevalece, pois, o entendimento de que a garantia contra defeitos de fabricação é garantia do produto e não do território onde ele foi fabricado ou vendido.

PRODUTO

Produto é qualquer bem, móvel ou imóvel, material, isto é, qualquer coisa, seja ela imóvel, geladeira, carro, alimento, computador, lençol, papel.

Mas produto também é qualquer bem imaterial.

Bem imaterial é aquele que não se pode tocar; por exemplo, uma receita de bolo.

O papel onde está escrita a receita é um bem material, pois você pode tocá-lo, mas a receita, em si, é algo que você lê, mas não toca.

SERVIÇO

É qualquer atividade prestada ao consumidor, desde que ele pague para recebê-la.

Por exemplo: são serviços as corridas de táxi, as viagens de ônibus, trem, avião, metrô, a lavagem de roupa, o ensino, o atendimento nos hospitais, em casas de saúde, clínicas veterinárias e odontológicas, os prestados por profissionais liberais, a pintura da casa, o conserto do carro ou do liquidificador, os que são prestados pelos barbeiros, cabeleireiros, restaurantes, casas noturnas, bancos, financeiras, entidades de crédito, companhias de seguro etc. Enfim, se você estiver pagando para receber em troca algo que *não é "produto"*, quase certamente *será "serviço"*.

Nota

Serviço prestado a patrão pelo próprio empregado não é, para os efeitos desse Código, considerado serviço. Cabe à legislação trabalhista discipliná-lo.

Os profissionais liberais, no exercício das respectivas profissões, não estão excluídos do conceito de prestadores de serviços; entretanto, ao contrário dos demais, não respondem, independente da existência de culpa, pela reparação de danos causados aos consumidores. Em linguagem mais simples, o consumidor terá de provar ao juiz que o profissional liberal por ele contratado prestou um mau serviço, e por isso é culpado.

A Inversão do Ônus da Prova

Crescemos falando, ouvindo ou lendo as expressões:

Crianças

"Mãe, o Joãozinho tá me acusando, mas eu não fiz nada!"
"Mãe, a Camila tem que prová!"
"Manhê, eu não tenho culpa!"
"Pai, não fui eu que quebrei o boneco, foi a Paulinha!"

Adolescentes

"Qualé, brô, tu tá me acusando mas não pode provar nada!"

"Cadê a prova, mermão, me mostra a prova!"
"Pô, cara, não vem que não tem, tu é que vacilou, tá aqui a prova!"

ADULTOS

"As pessoas não podem acusar sem prova."
"Ele está me acusando, mas não pode provar nada."
"Onde está a prova do crime?"

ADVOGADOS:

"Aplica-se, no caso em exame, o princípio do ônus da prova."
"A prova cabe a quem alega, a lide não prosperará!"
"A parte contrária não conseguiu trazer, aos autos, a alegada prova."

Resumindo: para acusar alguém, o acusador tinha de provar a culpa do acusado.

Os juristas denominam esse princípio de ônus da prova.

E continua sendo assim, exceto no que diz respeito ao relacionamento entre quem vende e quem compra algum produto, ou entre quem presta algum serviço, mediante pagamento, e o seu cliente.

Para esse grupo de pessoas, denominadas pelo CDC fornecedores e consumidores, não cabe mais ao consumidor provar que o fornecedor cometeu alguma irregularidade. Cabe, sim, ao fornecedor provar que não a cometeu.

A essa nova forma de encarar o relacionamento entre fornecedores e consumidores, os juristas dão o nome de inversão do ônus da prova.

Ela nasceu da constatação, plenamente aceita pela sociedade, de que nas transações, a parte mais fraca é o consumidor. Sendo assim, cabe ao fornecedor provar que *"não tem culpa no cartório".*

Nos tribunais, caso a caso, o juiz, após ouvir as partes, aceita ou nega a aplicação desse princípio.

Aceita, quando se convence de que o consumidor, mesmo sem ter prova, tem razão.

Nega, quando não se convence.

Nisso é que reside a grande inovação instituída pelo Código de Defesa do Consumidor, porque, até então, o consumidor tinha de apresentar a prova, ou as provas, da culpa do fornecedor.

Entretanto, como a sociedade não é perfeita, poderão ocorrer abusos da autoria de consumidores de má-fé que tentarem impingir aos fornecedores culpa que não lhes cabe.

A Justiça está atenta, o juiz não cairá nessa, o feitiço poderá se voltar contra o feiticeiro!

Cabe, pois, ao consumidor, agir de acordo com o espírito da lei.

"O vento que venta cá, venta lá."

CAPÍTULO 2

Os Direitos Básicos do Consumidor

O CDC dispõe quais são os direitos básicos do consumidor. Em seguida, refere-se a cada um com mais detalhe.

Esses direitos básicos constituem, portanto, as regras gerais adotadas para a defesa do consumidor. O restante do Código só faz ampliar essas regras, sem contrariá-las.

Vejamos, rapidamente, quais são elas:

1. Os produtos e serviços não podem causar mal à saúde do consumidor.

2. O consumidor deve ser informado sobre qual é o consumo adequado dos produtos e serviços, e poderá escolher qual lhe convém.

3. Ao consumidor será informado, exatamente, sobre o produto ou o serviço, e não poderá ser explorado.

4. Os anúncios não podem enganar ou abusar dos consumidores. As transações não devem ser impostas forçadamente, nem haver deslealdade ou abuso contra o consumidor.

5. Os contratos não devem ser escritos de forma a que o consumidor fique em desvantagem, e, uma vez assinados, não podem ser modificados pelo fornecedor em desfavor do consumidor.

6. Se o consumidor sofrer algum dano, receberá indenização. De preferência, o consumidor deve ser prevenido para não vir a sofrê-lo.

7. Se houver dano, o governo e a Justiça devem proteger o consumidor. Tal proteção pode começar desde o início, prevenindo o consumidor da possibilidade de sofrê-lo.

8. Ao consumidor devem ser asseguradas todas as facilidades para fazer valer os seus direitos. Se o consumidor disser que o produto ou o serviço tem defeito, e o juiz se convencer de que o consumidor tem razão, obrigará o fornecedor a provar que o produto ou o serviço está perfeito.

Mas não podemos exagerar. Não é porque uma loja anunciou um produto a R$ 7,00, e quando a consumidora chegou lá o preço tinha mudado para R$ 7,50, que ela estará no direito de entrar na Justiça para reclamar. A Justiça tem de decidir sobre milhares de fatos relevantes, não podendo ser utilizada para decidir sobre insignificâncias.

O juiz também levará em consideração se o consumidor é uma pessoa que tem capacidade para bem entender o que se passa, considerando a sua "hipossuficiência", isto é, idade, saúde, conhecimento ou condição social.

9. Os serviços públicos têm de ser adequados e de boa qualidade.

10. Além dos direitos previstos no CDC, há outros estabelecidos em leis, regulamentos, instruções, normas, tratados etc.

11. Quando mais de um fornecedor for culpado, todos responderão solidariamente perante o consumidor.

Notas

1. A Corte decidiu que o fornecimento de água encanada, fundamental, essencial e vital ao ser humano, prestado por concessionária de serviços públicos, não pode ser interrompido devido a atraso de pagamento, antes de a Justiça examinar o pedido. As empresas são obrigadas a fornecê-la de maneira adequada, eficiente, segura e contínua, não tendo o direito de cortar o fornecimento, expondo o consumidor ao ridículo e ao constrangimento, casos previstos no Código de Defesa do Consumidor. Para receber seus créditos,

a fornecedora deve "usar os meios legais próprios, não podendo fazer justiça privada porque não estamos mais vivendo nessa época e sim no império da lei, e os litígios são compostos pelo Poder Judiciário, e não pelo particular".
2. A Resolução Normativa n° 414, da Agência Nacional de Empresa de Energia Elétrica (Aneel), que entrará em vigor a partir de 01/12/2010, estabelece regras relativas ao corte de energia elétrica se houver atraso do pagamento de contas. Para reclamações, o consumidor pode acessar a página http://bit.ly/PoaX5

CAPÍTULO **3**

Produtos e Serviços Perigosos ou Nocivos

Há produtos e serviços que não oferecem perigo, assim como há os que podem ser perigosos à saúde, vida ou segurança do consumidor.

Neste capítulo, vamos nos ocupar dos que possam causar mal ao consumidor. Em outro, falaremos daqueles que, mesmo tendo defeitos, não afetam a pessoa do consumidor.

Convém assinalar que o STJ decidiu que fabricantes, fornecedores e vendedores respondem solidariamente por danos a consumidores, pois a relação de consumo é uma só.

Se o seu José comprar um produto perigoso (como são alguns produtos químicos, por exemplo), junto com ele deverá vir impressa uma advertência bem explicada, e escrita com destaque, sobre o perigo que resultará de seu uso inadequado.

Mas não vamos exagerar: com o pneu novo que o Rodrigo está comprando, não será necessário que venha escrita alguma advertência de que quando o pneu ficar careca, seu uso poderá vir a se tornar perigoso!

Há, porém, o outro lado da moeda: se o fabricante de pneus verificar que uma determinada partida já colocada na praça saiu com defeito de fabricação e, em consequência, tais pneus poderão causar acidentes, terá a obrigação de anunciar nos jornais, rádios e televisões advertências sobre o perigo e comunicar o fato à autoridade competente.

Tal exemplo aplica-se não somente a pneus, mas a todo e qualquer produto. Um bom exemplo dessa prática são os avisos / recalls a que os fabricantes de veículos se obrigam a difundir quando constatam que certo lote de peças saiu de fábrica com defeito (http://bit.ly/bGEJ1Z).

OBSERVAÇÃO:

Quando da sua publicação em 1990, o CDC estabeleceu que o fornecedor não pode "colocar no mercado produto ou serviço que sabe (ou deveria saber) apresentar alto grau de nocividade ou periculosidade à saúde ou segurança". Estabeleceu, também, que se depois de colocado descobrisse que era perigoso, deveria comunicar o fato imediatamente às autoridades competentes e aos consumidores mediante anúncios publicitários. Essas regras não mudaram; entretanto, provavelmente por ter reconhecido que produtos perigosos, a exemplo de formicida e soda cáustica, não deixariam de ser produzidos, abrandou a proibição, para determinar, através do Decreto nº 2.181, de 20/3/1997 (http://bit.ly/bVML7c), o que segue:

Se o produto ou serviço perigoso for posto no mercado, cabe a quem o colocou confeccionar impresso contendo as informações necessárias e adequadas a seu respeito, que deve acompanhar o produto entregue ou o serviço a ser prestado ao consumidor. O responsável deverá comunicar aos consumidores, por meio de anúncios publicitários, a periculosidade do produto ou serviço. Igual comunicação ele terá de fazer à autoridade competente.

Havendo produtos ou serviços perigosos na praça, os governos da União, dos Estados, do Distrito Federal e dos Municípios terão de informar a sua existência aos consumidores.

NOTA

Nesse aspecto, a legislação foi muito feliz quanto ao mérito da questão, pois, sem dúvida, os consumidores devem ser informados: porém, falhou ao não prever punição para a autoridade que deixar de cumprir o dever de bem informar. Essa omissão nos remete ao velho ditado: "Macaco, olha o teu rabo!"

É verdade que os órgãos públicos sujeitam-se à pena de multa que, "por si ou suas empresas concessionárias, permissionárias ou sob qualquer outra forma de empreendimento, deixarem de fornecer serviços adequados, eficientes, seguros e, quanto aos *essenciais*, contínuos". E que, "sem exclusão da responsabilidade dos órgãos que compõem o SNDC", "os agentes fiscais", "oficialmente designados, vinculados aos respectivos órgãos de proteção e defesa do consumidor, no âmbito federal, estadual, do Distrito Federal e municipal", "responderão pelos atos que praticarem quando investidos da ação fiscalizadora".

No entender do autor, se cabe à autoridade disciplinar as relações de consumo, o legislador também poderia ter ido além, contemplando o CDC com capítulo específico prevendo punição rigorosa para as autoridades que deixarem de praticar os atos aos quais se obrigam em face do ordenamento da legislação consumerista.

Nota

De acordo com o art. 10, da Lei 7.783, de 28/6/2009, os seguintes serviços ou atividades são considerados *essenciais*:

I – tratamento e abastecimento de água, produção e distribuição de energia elétrica, gás e combustíveis.

II – assistência médica e hospitalar.

III – distribuição e comercialização de medicamentos e alimentos.

IV – funerários.

V – transporte coletivo.

VI – captação e tratamento de esgoto e lixo.

VII – telecomunicações.

VIII – guarda, uso e controle de substâncias radioativas, equipamentos e materiais nucleares.

IX – processamento de dados ligados a serviços essenciais.

X – controle de tráfego aéreo.

XI – compensação bancária.

Examinemos, em seguida, a quem cabe a responsabilidade, se algum *produto* ou *serviço* causar mal à pessoa do consumidor. Primeiro veremos os *produtos*.

Produtos Defeituosos que Façam Mal ao Consumidor

Para explicar esse assunto, formularemos, inicialmente, perguntas e respostas.

1. *De quem é a responsabilidade se o produto fizer mal ao consumidor?*

É do fabricante, produtor, construtor, nacional ou estrangeiro, e do importador.

2. *Mas só são responsáveis se tiverem culpa?*

A resposta é NÃO. Eles são responsáveis independentemente da existência de culpa.

3. Em que circunstâncias eles são responsáveis?

São responsáveis por defeitos decorrentes de *projeto*, fabricação, construção, montagem, fórmulas, manipulação, apresentação ou acondicionamento, bem como por informações insuficientes ou inadequadas sobre a utilização e riscos de tais produtos.

4. De acordo com o Código, o que significa defeito?

O produto é defeituoso quando não oferecer a segurança que dele, legitimamente, se espera.

NOTA

Ocorreu um caso, submetido à apreciação do STJ, publicado no seu site em 13/10/2004, que exemplifica o emprego de produto que fez mal à saúde do consumidor e que ressalta a aplicação do instituto da inversão do ônus da prova.

Vamos reproduzi-lo, resumidamente.

Trata-se de cliente que perdeu os cabelos por uso de produto defeituoso.

Segundo o processo, a cliente comprou em supermercado, em fevereiro de 2000, um vidro de tinta para tingir cabelos. Ao utilizar o produto, em casa, percebeu que, na verdade, a cor contida no frasco era preta, e não aquela com que desejava pintar os cabelos. Contatou a empresa fabricante, que mandou periciar o produto, constatou o erro, e a encaminhou para solucionar o problema em um instituto de beleza por ela credenciado. Porém, após várias sessões de aplicações de novos produtos, que, segundo as empresas, solucionariam o caso, a cliente verificou o aparecimento de feridas na cabeça e queda acentuada dos cabelos. Após quase dois anos esperando uma solução, a cliente entrou na Justiça contra a empresa fabricante e o instituto de beleza credenciado. A perícia constatou a existência das lesões, mas afirmou que, pela ausência de informações técnicas, não tinha condições de afirmar o nexo causal entre as feridas e o uso do produto, mas certamente a ação química dos produtos utilizados no tratamento dos cabelos era uma hipótese que não poderia ser descartada no caso. O Tribunal aplicou o princípio da inversão do ônus da prova, pelo qual cabe ao fornecedor do produto ou ao prestador do serviço produzir a prova que inviabilize o pedido de indenização do consumidor, que fica dispensado de demonstrar o seu direito, que, no caso, se presume. O Tribunal aplicou o princípio da inversão do ônus da prova e reconheceu o direito de a consumidora ser indenizada pelos danos morais sofridos.

5. *Existem circunstâncias que são relevantes para se graduar defeito de produto?*
Sim:
— sua apresentação;
— o uso e o risco que razoavelmente dele se esperam;
— a época em que foi colocado em circulação.

6. *Há circunstâncias que excluem de culpa o fabricante, o construtor, o produtor ou o importador?*
Sim, quando ele provar:
— que não colocou o produto no mercado;
— que, embora haja colocado, o defeito não existe;
— que a culpa é, exclusivamente, do consumidor ou de terceiro.

7. *Se for colocado no mercado outro produto de melhor qualidade, o anterior é considerado defeituoso?*
Não.

8. *Falou-se do produtor, fabricante, construtor ou importador, mas nada se disse quanto ao comerciante. Ele também pode ser responsável?*
— sim, quando nenhum dos quatro acima puder ser identificado;
— sim, quando o produto for fornecido sem identificação clara de algum desses quatro;
— sim, quando não conservar adequadamente os produtos perecíveis.

9. *Se houve dano à pessoa do consumidor, alguém irá pagar alguma indenização. E como fica a situação daqueles que também têm sua parcela de culpa?*
O que houver feito o pagamento poderá cobrar dos demais responsáveis, de acordo com a participação de cada um.

CASOS

Vamos, entretanto, verificar três casos:

Carolina comprou um liquidificador cuja lâmina se soltou e a machucou. Sem dúvida o liquidificador estava defeituoso. Mas vamos pensar melhor: nas instruções para seu uso estava escrito que só deveria ser operado com o copo tampado, e Carolina não seguiu essa recomendação.

Sem dúvida, nem por isso o aparelho deixou de estar defeituoso, porém Carolina foi descuidada. Nesse caso deu-se o que se chama de "culpa concorrente", ou seja, tanto é do fornecedor como do consumidor, uma não anula a outra.

Outro caso: o Sérgio Gabriel resolveu agir como o professor Pardal e aqueceu uma panela cheia de álcool no fogão, causando um acidente que o queimou. Ora, o nosso prof. Pardal fez uso inadequado do fogão, não havendo por que culpar os fabricantes — do álcool ou do fogão — pela desastrada experiência do nosso inventor.

Historinha: a instalação elétrica da casa da Dra. Soledade é muito antiga, dela resultando incêndio com consequências pessoais danosas. De quem é a culpa, dos fabricantes dos fios, cabos, disjuntores e fusíveis, ou dela mesma?

Em suma: direito e justiça têm suas bases no bom-senso. Não logrará sucesso quem pretender sair por aí transferindo aos outros culpa que lhe cabe!

Veremos agora os *serviços.*

Serviços Defeituosos que Façam Mal ao Consumidor

Não só produtos defeituosos costumam causar mal a pessoas. Serviços também podem.

Vamos, da mesma forma, formular perguntas para esclarecer a questão.

1. *De quem é a responsabilidade se o serviço causar mal ao consumidor?*
É do fornecedor do serviço.

2. *Ele só é responsável se tiver culpa?*
A resposta é NÃO. Ele é responsável independentemente da existência de culpa.

3. *Mas em que circunstâncias ele é responsável?*
É responsável por defeitos relativos à prestação do serviço, bem como por informações insuficientes ou inadequadas sobre sua utilização e riscos.

4. *De acordo com o Código, o que significa serviço defeituoso?*
O serviço é considerado defeituoso quando não fornece a segurança que o consumidor pode esperar dele.

5. *Existem circunstâncias que são relevantes para se graduar o defeito do serviço?*
Sim:
— o modo de seu fornecimento;
— os resultados e os riscos que, razoavelmente, dele se esperam; e
— a época em que foi fornecido.

6. *Há circunstâncias que excluem de culpa o prestador de serviço?*
Sim, quando provar:
— que, tendo prestado o serviço, o defeito inexiste;
— que a culpa cabe, exclusivamente, ao consumidor ou a terceiro.

7. *Se o serviço atual passar a ser executado com novas técnicas, o serviço feito anteriormente (que foi executado com técnicas ultrapassadas) fica sendo considerado defeituoso?*
Não.

8. *O profissional liberal pode ser responsabilizado mesmo sem ter culpa provada?*
Não. A culpa terá de ser provada.
Leia no Apêndice excertos do Código de Ética Médica (http://bit.ly/9cvd3N).
O Código diz que, para os efeitos de responsabilidade decorrentes de defeitos de produtos ou de serviços, equiparam-se a consumidores todas as vítimas do evento.

Os Casos dos 2 SINS

Vejamos dois casos hipotéticos para entender o alcance dessa equiparação:
A. Digamos que um ônibus se acidente por imperícia do motorista. Os passageiros, sem dúvida, são consumidores e serão indenizados pelos danos que sofrerem. Porém pessoas que não viajavam no ônibus — portanto não eram consumidoras do serviço que estava sendo prestado — também sofreram danos. Elas serão equiparadas a consumidores, isto é, terão os mesmos direitos à indenização paga aos passageiros?
SIM!

B. Devido a defeito de fabricação, o botijão de gás explode na casa do Ney, causando danos não só à sua família como à do seu vizinho Rhibinha. Sem dú-

vida, a família do Ney é consumidora. Porém a do Rhibinha, também vítima do evento, assim será considerada, fazendo jus à indenização?
Novamente, a resposta é SIM!

Vimos que *é irrelevante a existência de culpa* para responsabilizar-se o fornecedor pela reparação de danos causados à pessoa do consumidor por defeitos em produtos ou serviços.

Foi louvável essa preocupação do legislador, porque se assim não fosse a culpa seria sempre do mordomo, pois é da natureza humana arranjar mil desculpas quando alguém se vê acusado de algum procedimento censurável.

Porém, mesmo assim, tememos que muitas das lesões a pessoas, em decorrência de relações de consumo, ficarão a salvo de penitências, porquanto, às vezes, será difícil caracterizar plenamente defeitos de projetos, devido à imaterialidade de tais aspectos.

Prazo para Reclamar de Produto ou Serviço que Tenha Feito Mal ao Consumidor

"Prescreve em cinco anos a pretensão à reparação pelos danos causados *por fato do* produto ou do serviço, iniciando-se a contagem do prazo a partir do conhecimento do dano e de sua autoria."

O que acabamos de transcrever entre aspas é o que foi publicado no Código. Vamos dizer isso com outras palavras:

> Se o consumidor sofrer alguma lesão causada por produto ou serviço defeituoso, tem cinco anos de prazo para reclamar indenização. Esse prazo começa a contar a partir da data em que o consumidor descobrir que está sofrendo a lesão e for capaz de identificar a sua causa.

CASO

Vamos ver um caso para exemplificar.

O engenheiro Maurício comprou um aparelho que radiografa metais. Junto ao produto NÃO veio nenhum aviso informando que tal artefato produzia radioatividade, nenhuma advertência sobre os cuidados que o consumidor deveria adotar ao manuseá-lo. Ao cabo de alguns anos, não importa quantos, Maurício descobriu que estava doente. Feitas as necessárias pesquisas, concluiu-se que a doença foi causada pelo aparelho que liberava radioatividade. A partir daí, o engenheiro passou a ter o prazo de cinco anos para requerer, judicialmente, a indenização a que tem direito.

CASO HISTÓRICO

Há um caso que ilustra bem a lesão cujo resultado só aparece decorrido bom espaço de tempo: o da talidomida, que vitimou milhares de bebês mundo afora. O prazo para reclamar na Justiça, se naquela época o CDC já estivesse em vigor, seria de cinco anos a contar do nascimento da criança.

OBSERVAÇÃO

Tal prazo de cinco anos, é bom que fique bem ressaltado, refere-se apenas a danos causados à pessoa do consumidor.

Para qualquer outra reclamação de defeito do produto ou de serviço, leia no fim do capítulo 9 o tópico Observações Muito Importantes.

NOTA

Há casos em que, mesmo esgotado o prazo estabelecido no CDC, a Justiça decide que o autor pode pedir reparação pecuniária por ter sofrido danos morais.

Em decisão publicada no site do STJ em 18/08/2010, lê-se que um hospital foi condenado a indenizar uma paciente vítima de um procedimento errado que a levou a perder os movimentos de um dos braços. A defesa do hospital alegou que a paciente perdera o prazo, previsto pelo Código de Defesa do Consumidor, que é de cinco anos, para pedir a indenização. Mas a ministra-relatora defendeu o pagamento da indenização por danos morais pelo erro médico. Não configurava mais uma relação de consumo, mas nesse caso observou-se o prazo de vinte anos, conforme prevê o Código Civil.

CAPÍTULO **4**

As Práticas Abusivas

OBSERVAÇÃO

Recomendamos a leitura do capítulo As Cláusulas Abusivas, que complementa o disposto neste capítulo.
    Muitos abusos eram cometidos contra os consumidores.
    A partir da vigência do CDC, eles não foram mais tolerados.
    Vamos ver isso. Examinemos inicialmente as *regras gerais que se aplicam tanto a produtos como a serviços.*
    Muitas vezes o consumidor tomava conhecimento de que para comprar tal produto também teria de adquirir outro, e se não concordasse, nada feito, sairia com as mãos abanando.
    Outras vezes, essa exigência dizia respeito a algum serviço: ou mandava fazer tudo ou fosse passear no bosque...
    Também era comum a imposição da compra de quantidades mínimas: ou comprava um mínimo de tantas peças ou gastava um mínimo de tantos reais e, se assim não quisesse, que fosse procurar em outro lugar...
    E elevava o preço de produto ou serviço sem justa causa, não se comprometia quanto ao prazo de entrega, fornecia orçamento com validade inferior a dez dias, não cumpria o contratado, não obedecia ao tabelamento.
    Isso tudo acabou. O consumidor compra o que quiser, na quantidade que quiser, mediante pronto pagamento, entretanto não pode bater na porta de uma fábrica de bebidas para comprar uma latinha de cerveja!

Notas

A. Se o estoque de determinada mercadoria for pequeno, o fornecedor pode recusar-se a vendê-lo a um só consumidor, porém é bom que, ao anunciar na mídia determinado produto com preço de venda promocional, faça constar essa restrição no corpo do anúncio.

B. Há mercadorias que, normalmente, o consumidor não compra em grandes quantidades. Por exemplo: no Rio de Janeiro, ninguém compra 30 kg de sal para uso doméstico. Já em Belém do Pará, é provável que alguém adquira tal quantidade para levar para a sua fazenda localizada bem distante, no interior.

C. Sendo assim, o fornecedor pode recusar a venda se o seu estoque estiver baixo ou se naquela localidade não for costume alguém comprar esse produto em tais quantidades.

Também o CDC considera que há abuso quando o fornecedor envia ou entrega ao consumidor qualquer produto que não tenha sido encomendado, ou quando, também sem encomenda, fornece algum serviço.

Se isso ocorrer, o consumidor pode agir da maneira que quiser, isto é, ficar com o que lhe foi enviado pagando o preço, ou ficar e *não pagar nada*.

O leitor deve ter achado estranho ficar com o produto e *não pagar nada*. Mas se agir assim, o fornecedor nada poderá lhe exigir, porque o Código equipara tais envios a *amostras grátis!*

Vamos ver dois casos para ilustrar essa hipótese.

CASOS

A. A dona de casa Ana encomendou, por telefone, um livro, mas recebeu dois, com um bilhetinho que dizia assim: "Além do livro encomendado, estamos lhe enviando outro na certeza de que você irá gostar. Por favor, envie-nos R$ 30,00 a mais." Se a consumidora quiser, bastará agradecer o envio do segundo livro...

B. O economista Renato deixou seu carro na oficina para regulagem do motor, assustando-se com a conta quando foi pegá-lo, que incluiu troca de óleos, lavagem e lubrificação. Tudo o que terá de pagar é pelo serviço realmente encomendado, e como é um senhor educado, agradecerá de todo o coração a troca de óleos, lavagem e lubrificação...

C. Em recente decisão (21/06/2010), o STJ concedeu a proprietário de veículo direito à percepção de indenização a ser paga por empresa seguradora, que a tal se negava porque o proprietário do veículo segurado o havia vendido a terceiro e a ela não comunicara a venda. O segurado alegou que não constava na apólice cláusula exigindo que essa comunicação fosse imediata. A empresa terá de pagar o valor da indenização previsto na apólice atualizado e acrescido de juros.

O produto ou o serviço também não deve ser cobrado de acordo "com a cara do freguês", isto é, o fornecedor não pode se aproveitar da idade, do estado de saúde, da condição social ou da ignorância do consumidor para praticar preços diferentes daqueles que cobra de outros clientes.

Não é porque a professora Sonja entrou na farmácia morrendo de dor de cabeça que a aspirina lhe sairá mais cara.

Nem é porque Mateus só tem 8 anos que lhe será cobrado o dobro pelo conserto de sua bicicleta. Nem é porque se trata de dia chuvoso que seu pai pagará mais pela corrida de táxi. Não é porque está em falta que o preço do botijão de gás será majorado.

Quer se trate de produtos ou de serviços, não podem ser impingidos ao consumidor, que tem liberdade de escolher, o que melhor lhe serve: ele compra o remédio da marca que quer (exceto medicamento controlado que exija receita) e toma o táxi que escolhe.

O CDC também proíbe que o fornecedor exija do consumidor vantagem claramente excessiva.

Isso significa que práticas comerciais equilibradas devem ser mantidas em quaisquer circunstâncias.

Se o carro do poeta Everton quebrou na estrada, o único posto ali perto que tem a peça de que ele precisa não poderá se aproveitar de seu apuro para cobrar-lhe os olhos da cara.

Grande parte dos produtos à venda no mercado tem de obedecer a normas estabelecidas por órgãos oficiais, só podendo ser comercializados se com elas estiverem de acordo. Não existindo normas oficiais, tais produtos devem, entretanto, estar de acordo com normas estabelecidas pela Associação Brasileira de Normas Técnicas (ABNT) (http://www.abnt.org.br/) ou por qualquer outra entidade aprovada pelo Conselho Nacional de Metrologia, Normalização e Qualidade Industrial (Conmetro) (http://bit.ly/bFaMqf). Esta regra aplica-se igualmente a serviços.

Também grande parte de produtos (e serviços) pode estar sujeito ao regime de preços tabelados, congelados, administrados, fixados ou controlados pelo Poder Público.

Se o fornecedor não o respeitar, além de ter cometido infração prevista no Decreto nº 2.181, de 20/3/1997 (http://bit.ly/bVML7c), terá de devolver, com correção monetária, o que cobrou a mais, podendo ainda o consumidor, se preferir, desfazer o negócio. Esta regra aplica-se também para serviços.

Nas lojas especializadas na venda de pneus, o preço costuma incluir dois serviços adicionais: o balanceamento das rodas e o alinhamento da geometria da suspensão, que consiste em regular, na seguinte ordem: caster, camber e convergência. Peça o orçamento escrito e detalhado. Se o preço for "palatável", aceite. Se não for, opte por mandar fazer o alinhamento em uma oficina. O vendedor de pneus tentará convencê-lo da imprescindibilidade de fazer tudo naquele momento, pelo preço que ele chamará de "promocional". Ele insistirá, apelará para o emocional. Dirá que você colocará em risco a sua vida e a dos seus familiares. O mecânico retirará as rodas e as levará para desmontar. Colocará uma das rodas em uma máquina. Se você se convencer de que a máquina não está "engatilhada" para fazer com que os aros pareçam empenados, solicite, por escrito, o preço para desempenar. Sem que você perceba, outro mecânico poderá ter arriado a suspensão. Você pensará que isso faz parte do serviço relativo à regulagem do caster, camber e convergência. Ledo engano! Ele pode ter desmontado para convencê-lo de que as bandejas da suspensão estão empenadas e/ou que é necessário substituir os pivôs e as buchas. Qual é a solução para que o consumidor, hipossuficiente no que se refere à mecânica de carros, não contrate serviços que podem custar três ou quatro mil reais? Seria acusação infundada dizer que todas as empresas agem dessa maneira. Mas como saber? Antes de levar o carro à loja de pneus converse com seu mecânico de confiança. Depois, dê uma de detetive ou repórter. Pergunte aos amigos e vizinhos se já se sentiram enganados. Acesse www.reclameaqui.com.br e www.reclamao.com.br e veja se há reclamações contra a empresa. Faça uma busca no site do Tribunal de Justiça da sua cidade e verifique se há processos contra ela. Só depois de colecionar todos esses dados, tome a decisão.

CAPÍTULO **5**

Contratação de Serviços

Quando algum serviço for contratado, o FORNECEDOR terá de:

a. Preparar previamente o orçamento, isto é, não poderá bancar o esperto: "vou fazer o serviço que o doutor deseja, depois a gente conversa".

b. Neste orçamento terá de discriminar, separadamente:
— o valor da mão de obra.
— o valor dos materiais e equipamentos que irá empregar;
— as condições de pagamento; e
— as datas de início e término do serviço.

c. Se não for combinado diferente, o orçamento valerá por 10 dias, contados a partir da data em que o fornecedor o entregar ao consumidor.

d. A partir da data em que o consumidor aprovar o orçamento, qualquer alteração só será possível se ambos concordarem. Se um dos dois discordar, o orçamento inicial deverá ser mantido.

e. Se no orçamento não estiver previsto que outras pessoas também serão chamadas para realizar parte do serviço, o fornecedor não poderá pretender aumentar o preço sob a alegação de que terá de pagar a essas pessoas. Esse caso precisaria ser previsto desde o momento em que foi apresentado o orçamento.

OBSERVAÇÃO

O CDC proíbe taxativamente que um serviço seja executado sem orçamento prévio e sem autorização por escrito do consumidor, admitindo, entretanto, exceção a essa regra quando se tratar de serviço idêntico ou semelhante que, volta e meia, já vem sendo prestado pelo fornecedor para aquele consumidor.

Pareceu-nos procedente a preocupação do legislador ao proibir a realização de serviço sem orçamento e autorização expressa; entretanto, tal dispositivo é por demais abrangente, porquanto inúmeros serviços a que o consumidor recorre no dia a dia não comportam essa formalidade. Para exemplificar: seria razoável o consumidor exigir do sapateiro, a quem procura pela primeira vez, que ele orçasse a troca da sola discriminando quantidades de couro, cola, pregos etc. que empregará no serviço?

Tratando-se da venda de produto, o fornecedor terá de deixar claro, por escrito, a data em que o entregará, não podendo simplesmente, por exemplo, escrever que o fará quando receber do fabricante, ou quando tiver transporte etc. Tratando-se de serviço, as datas de início e término também deverão constar por escrito, não podendo ser deixadas em aberto.

Finalmente, ao encerrarmos essas explanações sobre práticas abusivas, ressaltamos que o CDC proíbe ao fornecedor "repassar informação depreciativa, referente a ato praticado pelo consumidor no exercício de seus direitos", isto é, o consumidor tem todo o direito de se fazer valer dos dispositivos do CDC quando se achar alvo de abuso por parte de fornecedor, sem que este tenha o direito de, por isso, falar mal ou escrever algo contra o consumidor.

CAPÍTULO **6**

Informações sobre Produtos e Serviços

O consumidor tem direito a não ser enganado, a não comprar alhos por bugalhos.

Tem também o direito de ser instruído sobre o consumo adequado de produtos e serviços, bem como o de escolher o que melhor lhe convém. Nas transações será tratado com igualdade, pagará o preço justo, não será explorado.

Cada produto ou serviço precisa ser especificado corretamente.

As especificações têm de ser escritas na língua portuguesa, com clareza e precisão, e não podem ficar escondidinhas, com letras miudinhas. Ao contrário, devem ser ostensivas, de modo que o consumidor saiba realmente do que se trata.

Assim, sobre produto ou serviço ofertado ou simplesmente exposto à venda, o consumidor deve ser informado, no mínimo, quanto a:

— características
— qualidades
— quantidade
— composição
— preço
— garantia
— prazos de validade
— origem, isto é, se nacional ou importado e o nome do fabricante ou prestador.

Caso eles possam oferecer riscos à saúde ou à segurança do consumidor, tal informação também não pode deixar de ser transmitida.

Notas

A. Em nossa opinião, o legislador pecou por excesso quando estipulou essas regras, porque, do modo como as escreveu, todo e qualquer produto deve conter tais informações, o que não tem cabimento e encarecerá demasiadamente o seu custo e, consequentemente, o preço de venda. Imaginem só, se em uma loja de departamentos, em todos os produtos houvesse a obrigação de destacar suas características, qualidades e composição (uma gravata, um sapato, um frasco de perfume, um prato etc. não exigem informações adicionais além daquelas que o consumidor, em uma primeira vista, já está constatando...).

B. Compreendemos a dificuldade do legislador, porquanto seria difícil prever as exceções, mas, francamente, ao comprar uma caixa de fósforos, já achamos suficiente que nela venha escrito que contém, em média, quarenta palitos, sendo desnecessário especificar qual é a madeira do palito, a composição química da sua cabeça e, muito menos, que não devemos acendê-lo perto de tanque de gasolina... Tenho em mãos duas caixas de fósforos, de marcas diferentes. Nelas há recomendações, mas as letrinhas são tão pequenininhas que para ler me obrigaram a usar uma lente. E ao comprar um botão, pouco interessa-nos saber de que plástico foi feito e, muito menos, que tem quatro ou dois furinhos, já que basta olhá-lo para descobrir... E somos capazes de deixar o florista falando sozinho se, ao comprarmos uma rosa, ele vier nos dizer que se trata de uma flor da família das *Rosaceae, philo* das dicotiledôneas, que tem tantas pétalas etc. Ora, "uma rosa é uma rosa é uma rosa" já nos ensinou o poeta, não exigindo quaisquer comentários e informações adicionais.

C. Grande parte das pessoas acredita que as ligações para os telefones com prefixo 0900 equivalem-se, no que diz respeito à tarifa, àqueles com prefixo 0800, sabidamente gratuitas. Não se deixe enganar, as ligações para as linhas 0900 são pagas. O autor entende que cabe aos órgãos de defesa do consumidor realizar campanha pública fazendo essa advertência.

D. O consumidor está familiarizado com o popular código de barras, mas sabe que os três primeiros algarismos à esquerda indicam em que país o produto foi fabricado ou de qual país ele se origina?

Provavelmente não sabe, porém acessando a página http://pt.wikipedia.org/wiki/EAN-13 conhecerá os detalhes dessa codificação adotada internacionalmente.

Por exemplo, se o azeite português foi produzido e envazado em Portugal, o código de barras inicia com o número 560. Do Paraguai, 784; da República Popular da China, 690 a 695.

Veja a tabela:

Código	País	Entidade responsável
000-019	EUA	GS1 US
020-029	Distribuição restringida definido pela organização membro GS1	
030-039	EUA (reservado para medicamentos)	GS1 US
040-049	Distribuição restringida definido pela organização membro GS1	
050-059	Coupons	
060-139	EUA	GS1 US
200-299	Distribuição restringida definido pela organização membro GS1	
300-379	França Mônaco	GS1 França
380	Bulgária	GS1 Bulgária
383	Eslovênia	GS1 Eslovênia
385	Croácia	GS1 Croácia
387	Bósnia e Herzegovina	GS1 BIH (Bósnia e Herzegovina)
400-440	Alemanha (o código 440 foi herdado da antiga R.D.A. na reunificação, 1990)	GS1 Alemanha
450-459 490-499	Japão	GS1 Japão
460-469	Rússia	GS1 Rússia
470	Quirguistão	GS1 Quirguistão
471	Ilha de Taiwan	GS1 Taiwan
474	Estônia	GS1 Estônia
475	Letônia	GS1 Letônia
476	Azerbaijão	GS1 Azerbaijão
477	Lituânia	GS1 Lituânia
478	Usbequistão	GS1 Usbequistão

Código	País	Entidade responsável
479	Sri Lanka	GS1 Sri Lanka
480	Filipinas	GS1 Filipinas
481	Bielorrússia	GS1 Bielorrússia
482	Ucrânia	GS1 Ucrânia
484	Moldávia	GS1 Moldávia
485	Armênia	GS1 Armênia
486	Geórgia	GS1 Geórgia
487	Cazaquistão	GS1 Cazaquistão
489	Hong Kong	GS1 Hong Kong
500-509	Reino Unido	GS1 Reino Unido
520	Grécia	GS1 Grécia
528	Líbano	GS1 Líbano
529	Chipre	GS1 Chipre
530	Albânia	GS1 Albânia
531	República da Macedônia	GS1 República da Macedônia
535	Malta	GS1 Malta
539	República da Irlanda	GS1 República da Irlanda
540-549	Bélgica Luxemburgo	GS1 Bélgica & Luxemburgo
560	Portugal	GS1 Portugal - CODIPOR
569	Islândia	GS1 Islândia
570-579	Dinamarca Ilhas Feroé Gronelândia	GS1 Dinamarca
590	Polônia	GS1 Polônia
594	Romênia	GS1 Romênia
599	Hungria	GS1 Hungria
600-601	África do Sul	GS1 África do Sul
603	Gana	GS1 Gana
608	Bahrein	GS1 Bahrein
609	Maurícia	GS1 Maurícia - The Mauritius Chamber of Commerce and Industry
611	Marrocos	GS1 Marrocos
613	Argélia	GS1 Argélia
616	Quênia	GS1 Quênia
618	Costa do Marfim	GS1 Costa do Marfim
619	Tunísia	GS1 Tunísia
621	Síria	GS1 Síria

Código	País	Entidade responsável
622	Egito	GS1 Egito
624	Líbia	GS1 Líbia
625	Jordânia	GS1 Jordânia
626	Irã	GS1 Irã
627	Kuwait	GS1 Kuwait
628	Arábia Saudita	GS1 Arábia Saudita - Council of Saudi Chambers
629	Emirados Árabes Unidos	GS1 Emirados Árabes Unidos
640-649	Finlândia	GS1 Finlândia
690-695	República Popular da China	GS1 China
700-709	Noruega	GS1 Noruega
729	Israel	GS1 Israel
730-739	Suécia	GS1 Suécia
740	Guatemala	GS1 Guatemala
741	El Salvador	GS1 El Salvador
742	Honduras	GS1 Honduras
743	Nicarágua	GS1 Nicarágua
744	Costa Rica	GS1 Costa Rica
745	Panamá	GS1 Panamá
746	República Dominicana	GS1 República Dominicana
750	México	GS1 México
754-755	Canadá	GS1 Canadá
759	Venezuela	GS1 Venezuela
760-769	Suíça Liechtenstein	GS1 Suíça
770	Colômbia	GS1 Colômbia
773	Uruguai	GS1 Uruguai
775	Peru	GS1 Peru
777	Bolívia	GS1 Bolívia - CAINCO
779	Argentina	GS1 Argentina
780	Chile	GS1 Chile
784	Paraguai	GS1 Paraguai
786	Equador	GS1 Equador
789 - 790	Brasil	GS1 Brasil
800-839	Itália São Marinho Vaticano	GS1 Itália - Indicod-Ecr
840-849	Espanha Andorra	GS1 Espanha - AECOC

Código	País	Entidade responsável
850	Cuba	GS1 Cuba
858	Eslováquia	GS1 Eslováquia
859	República Checa	GS1 República Checa
860	Sérvia e Montenegro	GS1 Sérvia e Montenegro
865	Mongólia	GS1 Mongólia
867	Coreia do Norte	GS1 Coreia do Norte
869	Turquia	GS1 Turquia
870-879	Holanda	GS1 Holanda
880	Coreia do Sul	GS1 Coreia do Sul
884	Cambodja	GS1 Cambodja
885	Tailândia	GS1 Tailândia
888	Singapura	GS1 Singapura
890	Índia	GS1 Índia
893	Vietnã	GS1 Vietnã
899	Indonésia	GS1 Indonésia
900-919	Áustria	GS1 Áustria
930-939	Austrália	GS1 Austrália
940-949	Nova Zelândia	GS1 Nova Zelândia
950	GS1 Global Office	GS1 Global Office
955	Malásia	GS1 Malásia
958	Macau	GS1 Macau
977	Publicações periódicas seriadas (ISSN)	ISSN International Centre
978, 979	Bookland (ISBN) 979 é formalmente usado para pautas de música	International ISBN Agency
980	Refund receipts	
981, 982	Coupons e meios de pagamento	
990-999	Coupons	

CAPÍTULO **7**

A Responsabilidade por Vício do Produto

No Código de Defesa do Consumidor aparece, frequentemente, a palavra "vício".

Essa palavra, popularmente, significa "costume", "mania", "desvio": vício de fumar, de usar drogas, de roer unhas etc.

Na linguagem jurídica, com a qual o CDC foi escrito, *vício* significa *defeito*, em consequência do qual um ato pode vir a ser considerado nulo.

Por exemplo: o flamenguista Rodrigo comprou o carro do professor Neves que, de acordo com o documento do Detran, foi fabricado em 2006, vindo a descobrir que é do ano de 2004. Tal vício, se ele assim desejar, permitirá que o negócio seja desfeito. Mas permitirá ao professor ingressar em juízo contra o Detran que errou no preenchimento do documento.

Recentemente, em 20/08/2010, o STJ confirmou sentença de instância inferior que condenou um comerciante que vendeu um carro com a quilometragem adulterada, ratificando a condenação a dois anos de prisão. Trata-se de exemplo claro de responsabilidade por defeito do produto que não pode ficar impune.

Como dissemos, a palavra "vício" na linguagem jurídica do CDC significa "defeito", porém "defeito", de acordo com essa lei, não é apenas defeito de fabricação, defeito de projeto etc.

Por vários outros motivos *("defeito de qualidade", "defeito de quantidade"*, segundo o CDC), o produto (ou o serviço) é considerado defeituoso, mesmo que esteja funcionando muito bem.

Isso pode parecer bastante complicado, principalmente porque nós, os consumidores, não estamos acostumados a empregar essas expressões *(defeito de qualidade, defeito de quantidade, defeito de qualidade por inadequação do produto*), mas como foi assim que o congressista legislou, é desse modo que teremos de abordar o assunto. Através de exemplos, e separando bem as diferentes hipóteses, faremos com que o leitor melhor entenda o que diz o Código de Defesa do Consumidor.

Vejamos, inicialmente, as regras que se destinam a *produtos*. Depois veremos as que se destinam a *serviços*.

Produtos com Defeitos de Qualidade

Considera-se que o produto tem defeito de qualidade se ele for impróprio ou inadequado ao uso ou ao consumo a que se destina.

Exemplos de produtos impróprios:
— A torneira que não fecha bem, o secador de cabelos que não seca, a geladeira que não gela, o aparelho de som que não funciona.
— A tinta deteriorada; o leite aguado.
— A bebida falsificada.
— O produto com o prazo de validade vencido.
— Os produtos em desacordo com as normas regulamentares de fabricação, distribuição ou apresentação.
— Qualquer produto alterado, deteriorado, adulterado, avariado, falsificado, corrompido, fraudado, nocivo à vida ou à saúde, ou perigoso.

Ainda se considera que o produto tem defeito de qualidade se a existência desse defeito importar na diminuição do seu valor.

Produtos Inadequados

Quaisquer produtos que deveriam prestar para determinado uso ou consumo, mas que, na prática, não servem para nada. Quem já comprou produtos em camelôs provavelmente passou por essa malograda experiência!

Produtos com Defeitos de Quantidade

Considera-se que o produto tem defeito de quantidade se o seu conteúdo líquido for diferente do que consta na embalagem, recipiente, rotulagem ou anúncio.

Há produtos que, pela sua natureza, perdem peso por si sós. Nesse caso, admite-se que o conteúdo líquido seja inferior ao que está escrito ou foi anunciado.

Nota

Diferença de até 5% na metragem de imóvel não viola o Código do Consumidor.

Cláusula de contrato imobiliário prevendo tolerância de até 5%, para mais ou menos, sobre as dimensões do imóvel negociado, não é nula. Essa foi a conclusão da Terceira Turma do Superior Tribunal de Justiça ao rejeitar o recurso especial do Ministério Público do Distrito Federal e Territórios.

Produtos com o Valor Diminuído

Se, por qualquer motivo, em virtude da quantidade ou da qualidade, o produto tiver o seu valor diminuído, também é considerado defeituoso.

OBSERVAÇÃO

A. Os defeitos acima assinalados referem-se tanto a produtos duráveis (carro, geladeira, liquidificador etc.) como a não duráveis (cebola, lixa, sabonete etc.).

B. O consumidor pode exigir a substituição das partes defeituosas.

C. *Variam os prazos para reclamação*, conforme os produtos sejam duráveis ou não duráveis, *como veremos mais adiante*.

Muito bem (ou muito mal), o consumidor adquiriu *produto* e constatou *defeito*.

Como deve proceder no caso de *defeito em geral?*

Prazos para o Fornecedor Consertar Produtos
(não confundir com "prazos para o consumidor reclamar")

QUALIDADE

1º O fornecedor tem 30 dias de prazo para corrigir o defeito.

Nota

O prazo de 30 dias é o que vale, a menos que o consumidor e o fornecedor, de comum acordo, tenham combinado prazo diferente, que não pode ser inferior a 7 nem superior a 180 dias. Nos contratos de adesão (vejam o seu significado no capítulo Contratos de Adesão) esse prazo também pode ser combinado, em cláusula separada, assinada pelo fornecedor e pelo consumidor.

2º Se o fornecedor não corrigir o defeito no prazo de 30 dias (ou no que tiver sido combinado), o consumidor poderá escolher (e *exigir*) uma das três alternativas a seguir:

    a. a *substituição* do produto por outro da mesma espécie, em perfeitas condições de uso; ou

    b. a *restituição* imediata da quantia paga, monetariamente atualizada, *sem prejuízo de eventuais perdas e danos;* ou

    c. *abatimento* proporcional do preço.

OBSERVAÇÃO

"Sem prejuízo de eventuais perdas e danos" significa que, além da quantia paga, o consumidor poderá exigir que também lhe seja paga mais alguma outra em virtude de prejuízo que o produto lhe causou (ou em virtude de prejuízo que a falta do produto lhe trouxe).

OBSERVAÇÃO

A. Se o defeito for muito grande e, em vista disso, a simples substituição das partes defeituosas puder comprometer a qualidade ou alguma característica do produto, ou diminuir-lhe o valor, o consumidor não ficará obrigado a esperar o prazo de 30 dias (ou o prazo que tiver sido combinado) para exigir seus direitos. Nesse caso, poderá, de imediato, passar por cima do prazo e exigir uma das três alternativas acima (*restituição do produto, restituição do dinheiro ou abatimento do preço*). Da mesma forma poderá agir se o produto for essencial. O CDC não explica o que é produto essencial, isto é, se é aquele que faz falta essencial ao consumidor ou se é um produto indivisível e irreparável, como por exemplo um rolamento, uma correia de borracha etc. Portanto, cabe ao juiz decidir se é essencial.

B. Se o consumidor tiver optado pela substituição do produto por outro da mesma espécie em perfeitas condições de uso e não for possível a restituição, poderá haver substituição por outro de espécie, marca ou modelo diversos, mediante acerto de contas, se houver diferença de preço. Não havendo acordo, o consumidor poderá desprezar essa possibilidade e optar por uma das outras alternativas (*restituição da quantia paga ou abatimento proporcional do preço*).

QUANTIDADE

Como o consumidor deve proceder se o defeito for de quantidade, isto é, *se a quantidade recebida foi inferior à que deveria ter sido entregue?*
1º Procurar o fornecedor e *exigir* uma das quatro alternativas a seguir.

OBSERVAÇÃO

O consumidor escolhe a alternativa que quiser, ou seja, não é obrigado a começar pela alternativa *a*, e, somente se não chegar a acordo, passar para a alternativa *b*, e assim por diante.
    a. O abatimento proporcional do preço;
    b. A complementação do peso ou medida;
    c. A substituição do produto por outro da mesma espécie, marca ou modelo, sem defeito;
    d. A restituição imediata da quantia paga, com correção monetária, sem prejuízo de eventuais perdas e danos.

OBSERVAÇÃO

Se o consumidor optar pela alternativa c *(substituição)* e isto não for possível por qualquer motivo, poderá haver substituição por outro produto de espécie, marca ou modelo diversos, mediante acerto de contas, se houver diferença de preços. Não havendo acordo, o consumidor poderá então desprezar essa possibilidade e optar por uma das outras alternativas (abatimento proporcional do preço ou restituição da quantia paga).
    Veja o que já explanamos sobre o significado da expressão "sem prejuízo de eventuais perdas e danos".
    Sobre produtos defeituosos, o CDC ainda dispõe que:
    Os fornecedores respondem *solidariamente* pelos defeitos, isto é, a responsabilidade não cabe somente ao fornecedor imediato (aquele que vendeu o pro-

duto), mas a todos os demais (fabricante, atacadista etc.) que tomaram parte na cadeia de circulação até que o produto tenha chegado às mãos do consumidor. Porém o CDC abre duas exceções:

a. no caso de produtos *in natura* será responsável perante o consumidor o *fornecedor imediato,* exceto quando identificado claramente seu produtor (produto *in natura* é aquele que se apresenta exatamente como produzido pela natureza); e

b. se o defeito disser respeito à quantidade, o fornecedor imediato será responsável quando fizer a pesagem ou a medição e se o instrumento utilizado (balança, medida) não estiver aferido segundo os padrões oficiais. As empresas que comercializam botijões de gás de cozinha têm de dispor de balança para que o consumidor, se assim desejar, possa conferir o peso.

Nota

Resumo, editado pelo autor, de decisão publicada no site do STJ em 08/05/2000

Carro com defeito de fábrica será trocado por um zero quilômetro

A fabricante terá de dar um carro novo a um consumidor que retirou o veículo zero quilômetro da revendedora e logo em seguida constatou a ocorrência de vazamento de óleo do motor, consequência de defeito de fabricação. Para resolver o problema, procurou diversas concessionárias, sem sucesso. O Código de Defesa do Consumidor (art. 18 § 1º) possibilita ao comprador, caso o defeito do produto não seja sanado no prazo de 30 dias, exigir outro da mesma espécie. A decisão do Tribunal de Justiça de São Paulo havia determinado apenas a substituição do motor do carro. Para o relator do recurso, o comprador tinha toda razão, já que o defeito foi encontrado em componente essencial do veículo, não restando outra alternativa a não ser a sua substituição. Para o ministro, não tinha cabimento o argumento de que, sendo o carro ano 1992, não havia como efetuar a reposição.

Na sentença, determinou que a fabricante teria de entregar carro novo, do mesmo modelo, com as mesmas características e correspondente ao do ano em que foi efetivada a substituição.

Mas esse caso não foi único.

De acordo com a decisão unânime publicada no site do Superior Tribunal de Justiça em 10/05/1999, outra fabricante foi obrigada a substituir um carro por outro automóvel novo equivalente, uma vez que, quando foi prolatada a decisão, a empresa não fabricava mais o modelo comprado pela consumidora, que apresentava problemas no motor, câmbio, embreagem, capota e ar-condicionado.

Nota

Compra e venda de adubo estão sob proteção do Código de Defesa do Consumidor

A compra e venda de adubo a produtor agrícola estão sob proteção do Código de Defesa do Consumidor. Foi o que decidiu, por unanimidadi a Terceira Turma do Superior Tribunal de Justiça em favor de um agricultor, conforme publicado no site do STJ em 01/12/1999. Ele comprou o adubo para usar na lavoura de arroz. No entanto, ao misturar a semente com o defensivo, percebeu que o arroz plantado em caráter experimental apresentava coloração diferente da esperada. Mandou fazer análise do adubo e descobriu que a fórmula era diferente da especificada no pedido. O adubo também foi analisado por técnicos do governo que apontaram deficiência de nutrientes. O agricultor entrou, então, com ação de indenização para ser ressarcido pelos prejuízos sofridos. O Tribunal de Justiça de Mato Grosso deu-lhe ganho de causa. Inconformada, a empresa fabricante do adubo entrou com recurso especial no STJ, alegando que a questão não poderia ser regulada pelo Código de Defesa do Consumidor, e sim pelo Código Comercial, aplicando-se o prazo decadencial de 10 dias a partir do recebimento do adubo. Uma vez que os produtos foram usados na produção agrícola, não poderia o agricultor ser enquadrado como consumidor final. O ministro-relator do processo entendeu que não houve beneficiamento do adubo para revenda. O adubo é consumido pelo agricultor, não sendo matéria-prima destinada a outro consumidor. Para o ministro, o produto é necessário ao produtor para que seja feito o plantio, tal e qual um veículo comprado pelo produtor é essencial no escoamento da produção, e não é transformado ou beneficiado para revenda.

CAPÍTULO **8**

A Responsabilidade por Vício do Serviço

No capítulo anterior, esclarecemos que, na linguagem jurídica, vício significa o mesmo que defeito. Assim, vício do serviço refere-se a serviço defeituoso.

1. São defeituosos os serviços que forem impróprios para o consumo, isto é, que se mostrarem inadequados para os fins que, razoavelmente, deles se esperam.

2. Também são defeituosos os que não atenderem a normas regulamentares de prestabilidade, isto é, quando, contrariando dispositivos legais, não oferecerem proveito, utilidade ou não forem realizados no devido espaço de tempo.

3. São ainda considerados defeituosos os serviços que, em decorrência de má qualidade, tiverem seus valores diminuídos.

4. O serviço também é considerado defeituoso se houver disparidade entre o serviço que foi prestado e as indicações constantes de sua oferta ou de anúncio.
Pois bem, o consumidor pagou pelo *serviço* e constatou defeito.
Como deve proceder?
Conforme a natureza do serviço, sugerimos dois caminhos para o consumidor não ficar com o prejuízo.

O primeiro é exigir que o serviço seja reexecutado, sem que precise pagar mais nada por isso (se o fornecedor preferir pode, por sua [dele, fornecedor] conta e risco, confiar a outra pessoa capacitada a reexecução do serviço).

Se o serviço, pela sua natureza, não puder ser refeito, o consumidor pode:

a. exigir a restituição imediata da quantia que houver pagado, com correção monetária, sem prejuízo de eventuais perdas e danos; ou

b. exigir o abatimento proporcional do preço.

Em resumo, o consumidor deve exigir a reexecução do serviço, a restituição de quantia ou o abatimento do preço, mas não é obrigado a agir nessa ordem, isto é, se quiser nem precisa exigir a reexecução do serviço, podendo exigir, desde o início, qualquer uma dessas alternativas, sem precisar dar satisfação ao fornecedor da razão pela qual escolheu uma ou outra.

Peças Originais

No CDC há um artigo que se refere a peças originais.

Em nossa opinião, poderia ser redigido com mais clareza.

Vamos, inicialmente, transcrevê-lo:

> No fornecimento de serviços que tenham por objetivo a reparação de qualquer produto considerar-se-á implícita a obrigação do fornecedor de empregar componentes de reposição originais adequados e novos, *ou* que mantenham as especificações técnicas do fabricante, salvo, quanto a estes últimos, autorização em contrário do consumidor.

Pois bem, interpretando o artigo acima, o autor concluiu que: "O fornecedor de prestação de serviços que reparar qualquer produto terá de:

a. empregar componentes de reposição originais, adequados e novos ou

b. se devidamente autorizado pelo consumidor, empregar outros componentes que não os exigidos acima, mas que os substituam perfeitamente.

OBSERVAÇÃO

A. Componentes originais adequados são aqueles exatamente iguais (da mesma marca, modelo e características) aos que o fabricante colocou no produto.

B. Para a salvaguarda de responsabilidade, convém ao fornecedor que não empregar *componente original, adequado e novo* que exija do consumidor autorização por escrito (abra o olho, o CDC prevê detenção de três meses a um ano e multa para o fornecedor que empregar peças ou componentes usados, sem autorização do consumidor!).

NOTA RELATIVA A SERVIÇO DEFEITUOSO

Ementa de matéria publicada em 04/12/2003, no site do STJ
Aplica-se o CDC e não os tratados internacionais em caso de extravio de bagagem.

No caso de extravio de bagagem em viagem aérea, a indenização cabível deve obedecer ao Código de Defesa do Consumidor (CDC), não devendo ser aplicados os tratados internacionais que cuidam da matéria. Dessa forma, não cabe o limite imposto pelo Tratado de Montreal, restringindo a 24 dólares por quilo a indenização pelos danos materiais devidos pelo dano ou perda da carga. O entendimento unânime é da Terceira Turma do Superior Tribunal de Justiça (STJ).

Serviços Defeituosos e os Órgãos Públicos

Os órgãos públicos por si próprios, ou suas empresas, concessionárias, permissionárias ou as que se apresentam sob qualquer outra forma de empreendimento estão enquadrados no Código de Defesa do Consumidor?

A resposta é SIM.

E têm a obrigação de fornecer serviços adequados, eficientes, seguros e, quanto aos essenciais, contínuos?

SIM.

E tem mais! No caso de descumprimento, total ou parcial, dessas obrigações, serão compelidos a cumpri-las e a reparar danos causados a consumidores, conforme previsto em outros artigos do Código para os demais fornecedores?

SIM!

Eis aí um prato cheio para o consumidor reclamar, por exemplo, do telefone convencional ou celular que não dá linha ou que não recebe as chamadas e das ligações que caem no número errado, sem que as companhias telefônicas, como vem acontecendo, o indenizem pelos prejuízos causados.

Nota

O aumento do número de reclamações que chegam aos órgãos de defesa do consumidor envolvendo aparelhos celulares levou os órgãos do Sistema Nacional de Defesa do Consumidor (SNDC) a firmarem, no último dia 18 de junho de 2010, em João Pessoa (PB), entendimento caracterizando os aparelhos celulares como produtos essenciais.

Com isso, em caso de defeito no aparelho, os consumidores podem passar a exigir de forma imediata a substituição do produto, a restituição dos valores pagos ou o abatimento do preço em outro aparelho. A nova interpretação do Código de Defesa do Consumidor (CDC) faz parte de nota técnica elaborada pelo Departamento de Proteção e Defesa do Consumidor (DPDC) do Ministério da Justiça. Empresas que não cumprirem o novo entendimento do Sistema Nacional de Defesa do Consumidor estarão sujeitas a muitas de até R$ 3 milhões e medidas judiciais cabíveis.

CAPÍTULO **9**

Prazos para o Consumidor Reclamar de Defeitos de Produtos ou Serviços

O consumidor insatisfeito com o produto ou o serviço pode (e deve) reclamar, porém tem prazos para isso. Vejamos quais são, ressaltando que o leitor deve ficar atento, porque esses prazos variam conforme os defeitos sejam aparentes ou ocultos, e conforme os produtos ou serviços sejam duráveis ou não duráveis.

Prazos para o Consumidor Reclamar de Defeitos de Produtos ou Serviços

• *Defeitos Aparentes ou de Fácil Constatação:*
A. 30 dias, tratando-se de fornecimento de produtos ou serviços não duráveis;
B. 90 dias, tratando-se de fornecimento de produtos ou serviços duráveis.

OBSERVAÇÃO

A. a contagem desses prazos inicia-se:
— tratando-se de produto, a contar da sua entrega ao consumidor;
— tratando-se de serviço, a contar do término da sua execução;
B. essa mesma contagem interrompe-se a partir do dia em que o consumidor reclama (o consumidor deve possuir documento ou testemunha a fim de

provar que em tal dia fez a reclamação) e recomeça a partir do dia em que o fornecedor responde ao cliente negando-se a atender a reclamação (o fornecedor tem de responder de forma inequívoca, isto é, de modo que não deixe dúvida de que não atenderá à reclamação);

C. essa contagem também se interrompe a partir da instauração de inquérito civil e recomeça quando o inquérito encerra;

D. se um automóvel for entregue a uma oficina antes de decorridos os 90 dias do prazo que o consumidor tem para reclamar de defeitos, esse prazo se interrompe. Decidiu o STJ, em 03/07/2007, que "impõe-se reconhecer o comprovado período que o automóvel passou nas dependências da oficina mecânica autorizada como de suspensão do curso do prazo de garantia".

- *Defeitos Ocultos:*

A. Os prazos são os mesmos já enumerados para *produtos* ou *serviços* conforme sejam não duráveis ou duráveis; entretanto, note bem, a contagem desses prazos inicia-se somente a partir do dia em que ficar evidenciado o defeito, isto é, a partir do dia em que o consumidor o descobrir.

B. Esses prazos interrompem-se e reiniciam-se obedecendo às mesmas contagens B, e C, citadas na observação anterior

Notas

A. O Código não define o que são produtos ou serviços não duráveis ou duráveis. Melhor seria se o CDC houvesse fixado prazos de duração, como, por exemplo, "não duráveis são aqueles dos quais se espera que mantenham a sua eficiência no prazo compreendido entre 1 e 90 dias, e duráveis são aqueles dos quais se espera que mantenham sua eficiência no prazo compreendido entre 1 dia e 5 anos". Parece-nos que o CDC também deveria ter criado a figura dos produtos de curta duração, como são os hortigranjeiros.

B. Como o Código foi vago, caberá ao bom-senso e, em última palavra, ao juiz, definir, em cada caso, se o bem ou serviço objeto da demanda é durável ou não durável.

C. Há ainda outros elementos complicadores para determinação de durabilidade, quais sejam, o uso e a conservação dispensados ao produto, o local onde foi empregado e assim por diante.

Observações Muito Importantes

1. Esses prazos mencionados não se aplicam à reclamação de danos causados à pessoa do consumidor por produtos ou serviços defeituosos.
2. Para a reclamação de danos causados à pessoa do consumidor, deve-se ler o que explanamos sobre prazos no fim do *capítulo* "Produtos e Serviços Perigosos ou Nocivos".
3. Lembre-se que palavras o vento leva. Se for assim, tudo o que o consumidor puder obter por escrito será prova mais convincente do que a sua simples palavra.

Quando reclamar, o consumidor deve fazer por escrito, em duas vias, exigindo que o destinatário da reclamação assine em uma delas.

4. O consumidor também deve acostumar-se a contar com testemunhas, porém lembrando-se que testemunhas devem ser pessoas que tenham presenciado o consumidor fazer a compra ou a reclamação, e não, apenas, testemunhas "por ouvir falar".
Tenha em conta que o consumidor nunca poderá se valer de falsas testemunhas, porque, além de ser moralmente condenável, falso testemunho é crime.
5. Vejamos um exemplo para ficar bem esclarecida a questão de prazos.
1º de março — nesse dia, a Dra. Léa adquiriu uma máquina de lavar louça.
2 de maio — nesse dia, a máquina deu defeito e ela reclamou por escrito ao fornecedor, guardando comprovante da reclamação.
31 de maio — o fornecedor, não tendo feito o conserto, negou-se a chegar a acordo, alegando algo qualquer (a negativa deve ser feita por escrito e, se não o for, o consumidor deve ter testemunhas desse fato).

Até que dia a Dra. Léa continua a ter direito ao conserto?

Máquina de lavar louça é, evidentemente, produto durável. O prazo para reclamar é de 90 dias. De 1º de março a 2 de maio transcorreram 63 dias. Logo, a Dra. Léa só tem mais 27 dias, a contar de 31 de maio, para ingressar na justiça, findos os quais perde o direito ao conserto. *Ocorrendo um caso como esse, o consumidor deve logo procurar um advogado, que fará a conta dos prazos (decadencial e da prescrição).* Há regras para a contagem de prazos, sobre as quais não iremos aqui nos alongar.

Para melhor compreensão sobre prazos de garantia, o leitor deve ler com atenção o item 5 no início do capítulo Os Contratos, convindo observar que, para efeito de reclamação na Justiça, o que vale é a garantia legal, a menos que a garantia contratual seja tão abrangente quanto a legal e tenha prazo maior.

Diferentemente da garantia legal, a lei não fixou prazo de reclamação para a contratual. Assim, no caso de produtos duráveis, se a garantia contratual abranger prazo mais longo do que o da legal, a contagem dos 90 dias para o consumidor reclamar tem início a partir do término da contratual, conforme decisão do STJ (Resp 967.623-RJ). Julgado em 16/4/2009). (http://bit.ly/9T9W0Y)

CAPÍTULO **10**

Regras Gerais Aplicáveis Tanto a Produtos Como a Serviços

Regras Gerais Aplicáveis Tanto a Produtos Como a Serviços
Além das regras que dizem, respectivamente, respeito a *Defeitos de Produtos* e *Defeitos de Serviços*, há outras que se aplicam indistintamente a uns como a outros. Vejamos.

A. O fornecedor não poderá alegar, para fugir à responsabilidade, que desconhecia os defeitos de qualidade de produtos ou serviços inadequados. Com efeito, quem se dispõe a fabricar, comercializar, aplicar ou fornecer algo tem a obrigação de se cercar de cuidados, dentre os quais o de saber se o que está transacionando é adequado para o fim a que se propõe.

B. Em consequência, o fornecedor não poderá escrever no contrato que não se responsabiliza pelo fornecimento adequado de produto ou serviço. E, mesmo que escreva, isso de nada lhe valerá se o consumidor reclamar.

C. O fornecedor também não poderá incluir no contrato cláusula que o dispense da obrigação de indenizar, ou mesmo que atenue essa responsabilidade. E se houver mais de um responsável pela causação do dano, todos respondem solidariamente pela reparação.

Notas

De acordo com o CDC e legislação correlata que o instruiu e o aprimorou, cabe aos fornecedores o cumprimento das regras a seguir:

1. Se o dano for causado por componente ou peça incorporada ao produto ou serviço, são responsáveis tanto o seu fabricante como o construtor ou o importador e o que colocou a peça.

2. Em contratos que envolvam vendas a prazo ou com cartão de crédito, informar por escrito ao consumidor, prévia e adequadamente, inclusive nas comunicações publicitárias, o preço do produto ou do serviço em moeda corrente nacional, o montante dos juros de mora e da taxa efetiva anual de juros, os acréscimos legal e contratualmente previstos, o número e a periodicidade das prestações e, com igual destaque, a soma total a pagar, com ou sem financiamento.
3. Os preços de produtos e serviços deverão ser informados adequadamente, de modo a garantir ao consumidor a *correção, clareza, precisão, ostensividade* e *legibilidade* das informações prestadas.
4. Considera-se:
    4.1. *correção*, a informação verdadeira que não seja capaz de induzir o consumidor em erro;
    4.2. *clareza*, a informação que pode ser entendida de imediato e com facilidade pelo consumidor, sem abreviaturas que dificultem a sua compreensão, e sem a necessidade de qualquer interpretação ou cálculo;
    4.3. *precisão*, a informação que seja exata, definida e que esteja física ou visualmente ligada ao produto a que se refere, sem nenhum embaraço físico ou visual interposto;
    4.4. *ostensividade*, a informação que seja de fácil percepção, dispensando qualquer esforço em sua assimilação; e
    4.5. *legibilidade*, a informação que seja visível e indelével.
5. O preço de produto ou serviço deverá ser informado discriminando-se o total à vista.
6. No caso de financiamento ou parcelamento, deverão ser também discriminados:
    6.1. o valor total a ser pago com financiamento;
    6.2. o número, periodicidade e valor das prestações;
    6.3. os juros;
    6.4. os eventuais acréscimos e encargos que incidirem sobre o valor do financiamento ou parcelamento.
7. Os preços dos produtos e serviços expostos à venda devem ficar sempre visíveis aos consumidores enquanto o estabelecimento estiver aberto ao público.
8. Montagem, rearranjo ou limpeza, se em horário de funcionamento, deve ser feito sem prejuízo das informações relativas aos preços de produtos ou serviços expostos à venda.

9. Na hipótese de afixação de preços de bens e serviços para o consumidor, em vitrines e no comércio em geral, de que trata o inciso I do art. 2º da Lei nº 10.962, de 2004 (http://bit.ly/dkjLOy), a etiqueta ou similar afixada diretamente no produto exposto à venda deverá ter sua face principal voltada ao consumidor, a fim de garantir a pronta visualização do preço, independentemente de solicitação do consumidor ou intervenção do comerciante.
10. Entende-se como similar qualquer meio físico que esteja unido ao produto e gere efeitos visuais equivalentes aos da etiqueta.
11. Os preços de bens e serviços para o consumidor em autosserviços, supermercados, hipermercados, mercearias ou estabelecimentos comerciais onde o consumidor tenha acesso direto ao produto, sem intervenção do comerciante, mediante a impressão ou afixação do preço do produto na embalagem, ou a afixação de código referencial, ou ainda, com a afixação de código de barras, admitem as seguintes modalidades de afixação:
    11.1. direta ou impressa na própria embalagem;
    11.2. de código referencial ou de barras, expondo, de forma clara e legível, junto aos itens expostos, informação relativa ao preço à vista do produto, suas características e código.
12. Na afixação direta ou impressão na própria embalagem do produto, será observado o disposto nos números 9 e 10 acima.
13. A utilização da modalidade de afixação de código referencial deverá atender às seguintes exigências:
    13.1. a relação dos códigos e seus respectivos preços devem estar visualmente unidos e próximos dos produtos a que se referem, e imediatamente perceptível ao consumidor, sem a necessidade de qualquer esforço ou deslocamento de sua parte, e
    13.2. o código referencial deve estar fisicamente ligado ao produto, em contraste de cores e em tamanho suficientes que permitam a pronta identificação pelo consumidor.
14. Na modalidade de afixação de código de barras, deverão ser observados os seguintes requisitos:
    14.1. as informações relativas ao preço à vista, características e código do produto deverão estar a ele visualmente unidas, garantindo a pronta identificação pelo consumidor;

14.2. a informação sobre as características do item deve compreender nome, quantidade e demais elementos que o particularizem; e

14.3. as informações deverão ser disponibilizadas em etiquetas com caracteres ostensivos e em cores de destaque em relação ao fundo.

15. Na hipótese de utilização do código de barras para apreçamento, os fornecedores deverão disponibilizar, na área de vendas, para consulta de preços pelo consumidor, equipamentos de leitura ótica em perfeito estado de funcionamento.

16. Os leitores óticos deverão ser indicados por cartazes suspensos que informem a sua localização.

17. Os leitores óticos deverão ser dispostos na área de vendas, observada a distância máxima de 15 metros entre qualquer produto e a leitora ótica mais próxima.

18. Para efeito de fiscalização, os fornecedores deverão prestar as informações necessárias aos agentes fiscais mediante disponibilização de croqui da área de vendas, com a identificação clara e precisa da localização dos leitores óticos e a distância que os separa, demonstrando graficamente o cumprimento da distância máxima fixada neste artigo.

19. A modalidade de relação de preços de produtos expostos e de serviços oferecidos aos consumidores somente poderá ser empregada quando for impossível o uso das modalidades descritas nos números 9, 10, 11, 11.1, e 11.2, acima.

20. A relação de preços de produtos ou serviços expostos à venda deve ter sua face principal voltada ao consumidor, de forma a garantir a pronta visualização do preço, independentemente de solicitação do consumidor ou intervenção do comerciante.

21. A relação de preços deverá ser também afixada, externamente, nas entradas de restaurantes, bares, casas noturnas e similares.

22. Configuram infrações ao direito básico do consumidor à informação adequada e clara sobre os diferentes produtos e serviços, sujeitando o infrator às penalidades previstas no CDC, as seguintes condutas:

22.1. utilizar letras cujo tamanho não seja uniforme ou dificulte a percepção da informação, considerada a distância normal de visualização do consumidor;

22.2. expor preços com as cores das letras e do fundo idênticas ou semelhantes;
22.3. utilizar caracteres apagados, rasurados ou borrados;
22.4. informar preços apenas em parcelas, obrigando o consumidor ao cálculo do total;
22.5. informar preços em moeda estrangeira, desacompanhados de sua conversão em moeda corrente nacional, em caracteres de igual ou superior destaque;
22.6. utilizar referência que deixa dúvida quanto à identificação do item ao qual se refere;
22.7. atribuir preços distintos para o mesmo item; e
22.8. expor informação redigida na vertical ou outro ângulo que dificulte a percepção;
23. deixar de assegurar a oferta de componentes e peças de reposição, enquanto não cessar a fabricação ou importação do produto, e, caso cessadas, de manter a oferta de componentes e peças de reposição por período razoável de tempo, nunca inferior à vida útil do produto ou serviço.

Desconsideração da Personalidade Jurídica

Como se sabe, não se confundem as personalidades das pessoas físicas com as das jurídicas (empresas, entidades etc.) de que são sócias ou dirigentes. Elas têm, portanto, personalidades distintas.

Se for assim, poderia haver o caso de uma pessoa jurídica deixar de ressarcir dano causado a consumidor, sem que, por outros meios, os braços da lei alcançassem os seus sócios ou dirigentes. Para impedir essa possibilidade, o CDC alongou seus braços, ao facultar ao juiz competência para desconsiderar a personalidade jurídica, nos casos que menciona, a fim de obrigar as pessoas físicas que a compõem a assumir a responsabilidade.

O dispositivo que contempla essa possibilidade é o art. 28 do CDC, ao qual remetemos os advogados e fornecedores interessados em conhecê-lo na íntegra.

CAPÍTULO **11**

Publicidade, Oferta e Práticas Comerciais

Já vimos o anúncio de um curso que promete ensinar o aluno a falar inglês em um dia.

Como isso é impossível, a publicidade é enganosa, e a partir de 11 de março de 1991 não foi mais tolerada.

A vítima da *publicidade enganosa* não é somente o consumidor que se deixa atrair pelo anúncio, mas todas as pessoas que a ele ficam expostas, assim como todas as que se expõem à *publicidade abusiva* ou a outras *práticas comerciais condenáveis*.

Assim, para fins deste capítulo, como para os dos assuntos intitulados *"A cobrança de dívidas"*, *"Banco de dados e cadastros de consumidores"*, *"As práticas abusivas"* e para o capítulo *Os Contratos,* o CDC equipara a consumidores todas as pessoas que se expõem a práticas condenáveis nele previstas, e não somente aquelas que chegam a realizar transações que lhes são prejudiciais.

Essa equiparação procede. Analisemos, por exemplo, o anúncio do curso de inglês.

Nesse caso, o enganado não foi somente o consumidor que pagou para aprender a falar inglês em um dia, findo o qual descobriu que tudo o que "aprendeu" foi a dizer (em mau inglês) "me Tarzan, you Jane".

Prejudicado foi também o cidadão que, enganado pelo anúncio que recortou e guardou cuidadosamente, deixou para aprender inglês às vésperas de uma viagem que fez para o exterior, quando veio a saber que o tal curso era uma arapuca.

Prejudicado, e frustrado, foi também o pai que, após comprar um computador, mandou o filho para o tal curso e ficou furioso quando ele não conseguiu traduzir uma palavra sequer do noticiário do *The New York Times on line* sobre a guerra no Afeganistão.

Prejudicados também são os donos e os alunos de outros cursos que não prometem o aprendizado senão ao longo de muitos meses.

A par desta introdução, que teve por finalidade ressaltar o "espírito da coisa", vejamos outros aspectos alusivos à publicidade que constam do CDC, não sem antes assinalar que tem sido louvável o esforço empreendido por agências de publicidade no sentido de se autopoliciarem evitando publicidade enganosa ou abusiva através do Conselho Nacional de Autorregulamentação Publicitária (Conar).

Exemplos

A. Se o anunciante oferecer ou apresentar determinado produto por X reais (não importa se a oferta ou apresentação foi feita em jornal, revista ou por qualquer outro meio de comunicação: TV, rádio, cinema, internet, panfleto, folder, cartaz etc.), ficará obrigado a vender o produto ou o serviço, cumprindo exatamente o que consta no anúncio. E o anúncio passará a fazer parte de contrato que vier a ser celebrado entre vendedor e comprador.

1. Uma determinada loja anunciou que vende um liquidificador de cinco velocidades por R$ 50,00. Se a Dra. Bárbara for à loja, esta terá de lhe vender o aparelho por R$ 50,00 e ponto final.
2. A incorporadora de imóveis anunciou um apartamento de dois quartos, na Av. Atlântica, em Copacabana, por 100 mil reais, para serem pagos em 9 meses, com entrada de 10 mil e o saldo em 9 prestações iguais, mensais, sujeitas a juros de *12%* a.a., pela tabela Price. Se assim anunciou, assim terá de vendê-lo ao Dr. Roberto Roland sendo-lhe proibido pretender receber também mais tantas parcelas intermediárias ou algo parecido.

B. O anúncio também não pode ser apresentado disfarçado, isto é, precisa ser apresentado de tal forma que o consumidor perceba, fácil e imediatamente, que se trata de publicidade.

C. Se o anunciante disser que o produto ou o serviço tem tais e tais características, qualidades, propriedades etc., terá de manter em seu poder, para mostrar a consumidores interessados, dados que provem o que consta no anúncio.

1. A loja anunciou o vibrador marca Vibracol "que faz desaparecer dores da coluna". A D. Etelvina tem o direito de exigir que lhe apresente dados técnicos e científicos que comprovem essa capacidade do Vibracol.
2. O poeta Edson anunciou que vende automóvel originalmente movido a álcool, mas cujo motor, em oficina especializada, foi convertido para receber GNV. Ao comprador interessado, terá de exibir a nota fiscal da oficina que fez a conversão.

D. A publicidade também não pode ser enganosa, isto é, inteira ou parcialmente falsa. Ou deixar de informar ao consumidor algo que o leve a julgar que o produto tem tais e tais atributos, quando na realidade não os tem. A omissão também se dá quando se deixa de informar algo essencial: a loja anuncia que certa bateria para automóvel é mais leve do que as outras e custa a metade do preço, mas omite a informação de que ela só dura seis meses, quando as de outras marcas duram, em média, dois anos. A loja que assim proceder terá feito anúncio enganoso. A publicidade enganosa ou abusiva sujeita a pessoa física ou jurídica à pena de multa, e, conforme a gravidade e outras circunstâncias que assim possam tipificá-la, a processo na esfera civil e/ou penal, além de outras penalidades capituladas em normas específicas.

E. O ônus da prova da veracidade (não enganosidade) e da correção (não abusividade) da informação ou comunicação publicitária cabe a quem as patrocina, isto é, ao anunciante e não ao veículo (rádio, jornal, revista, TV, página na internet) onde o anúncio foi publicado.

F. A publicidade também não deve ser abusiva, explorando o medo e a superstição. Não se pode aproveitar de deficiência de julgamento e da inexperiência da criança. Nem levar pessoas ao cometimento de atos que prejudiquem o meio ambiente, a se comportarem de modo prejudicial ou perigoso à sua saúde ou segurança, ou a se tornarem violentas, a violarem normas legais ou regulamentares de controle da publicidade. Também não deve ser discriminatória de qualquer natureza.

G. A publicidade também não deve ser publicada de modo sutil, e sim de forma que o consumidor possa, fácil e imediatamente, identificá-la como tal. Essa exigência coloca em cheque prática comumente inserida em programas de TV, notadamente nas novelas, quando o personagem faz alusão a determinado produto, induzindo, indiretamente, o telespectador a consumi-lo. Ou quando bebe um refrigerante ou exibe uma sandália e a TV mostra a marca em *close*. A isso dá-se o nome, no jargão publicitário, de *merchandising*.

O autor aproveita para fazer uma sugestão: que se permita a *merchandising*, mas que se exija, em contrapartida, a inserção de mensagens também sutis de interesse social: se o personagem joga lixo na rua, quem com ele contracena adverte que isso não se faz. Se o personagem após ingerir bebida alcoólica pretende dirigir o carro, o outro reclama, diz que é um absurdo, que a Lei Seca deve ser respeitada. E assim por diante.

H. Se o consumidor entender que o anunciante está enquadrado em alguma das proibições acima, ou que cometeu algum deslize no anúncio que publicou, não será o consumidor que terá de provar a falta cometida pelo anunciante, mas sim o anunciante é que deverá provar que é inocente.

I. A oferta e a apresentação de serviços ou produtos devem:
1. ser escritas em português;
2. estar corretas, precisas, claras;
3. mostrar características, qualidades, quantidades, composição;
4. revelar o preço, a garantia e o prazo de validade;
5. divulgar a origem, isto é, se o produto é nacional ou estrangeiro e quem é o fabricante;
6. informar sobre os riscos que apresentem à saúde e segurança de consumidores.

Nota

Falamos, acima, que a *oferta e a apresentação* devem conter essas informações. Não dissemos que a *publicidade* precisa conter todos esses dados, o que seria exagero. Imagine se a farmácia que anuncia aspirina necessitasse publicar advertências sobre contraindicações.

J. Os fabricantes e importadores devem ter em estoque, enquanto não cessar a fabricação ou importação do produto, componentes e peças de reposição, à disposição dos consumidores.

Nota

Se o produto sair de linha de fabricação ou deixar de ser importado, ainda assim os componentes e peças de reposição deverão estar disponíveis por período razoável de tempo, nunca inferior à vida útil do produto.

K. Em caso de oferta ou venda por telefone ou reembolso postal, devem constar o nome do fabricante e o endereço na embalagem, na publicidade e em todos os impressos utilizados na transação comercial.

OBSERVAÇÃO

É uma pena que o legislador também não tenha aproveitado a oportunidade para determinar que também constem:

1 – o telefone e o *e-mail* do fabricante;

2 – o nome, o endereço e o telefone do fabricante de qualquer produto (mesmo daqueles que não são vendidos por telefone ou reembolso). Na maioria das embalagens, aparece apenas o nome – ou o nome de fantasia do fabricante e o CNPJ, o que dificulta eventuais reclamações.

L. Se o fornecedor utilizar-se de outras pessoas ou representantes comerciais para a realização de seus negócios, todos serão igualmente responsáveis por qualquer desobediência a normas previstas no CDC.

M. Se o fornecedor de produtos ou serviços se recusar a cumprir o que ofertou, apresentou ou anunciou, o consumidor poderá escolher:
1. exigir que ele cumpra o que ofertou, apresentou ou anunciou;
2. aceitar outro serviço ou prestação de serviço equivalente;
3. cancelar o contrato, com direito a receber de volta qualquer quantia já paga, com correção monetária e mais algum acréscimo decorrente de prejuízo que tivera em virtude da recusa.

Nota

É o consumidor quem escolhe se quer que o fornecedor cumpra o que ofertou (apresentou ou anunciou), se deseja outro produto (ou serviço) ou se prefere cancelar o contrato.

Notas

1. Se o consumidor adquirir um veículo baseado em publicidade divulgada pelo fabricante, compete à indústria entregá-lo ao adquirente, mesmo se a concessionária a que ele se dirigiu para consumar a compra não o fizer no prazo combinado. Assim decidiu o STJ em um caso em que a referida concessionária teve falência decretada.
2. O STJ reiterou entendimento de que a simples expressão "contém glúten" é insuficiente para informar os consumidores sobre os prejuízos que o produto causa aos portadores da doença celíaca

e, consequentemente, torna-se necessária advertência quanto aos eventuais malefícios que o alimento pode causar a essas pessoas. Assim, o autor aproveita a oportunidade para lembrar aos consumidores que padecem dessa patologia que a maioria das massas contém glúten, uma substância presente no trigo. Para saberem mais sobre essa doença, procurem um médico.

3. O STJ também se pronunciou quanto à cirurgia para redução do estômago a que precisava ser submetida uma mulher que sofria de obesidade mórbida e que teve a pretensão negada por plano de saúde. A Corte decidiu que o plano de saúde deve proporcionar ao consumidor o tratamento mais moderno e adequado em substituição ao procedimento obsoleto previsto especificamente no contrato.

CAPÍTULO **12**

Os Contratos

Normalmente, quando se fala em contrato, pensa-se logo em um documento escrito e assinado pelos contratantes.

A grande maioria das pessoas já assinou, viu ou ouviu falar do contrato mais popular que existe, o de aluguel. Ou do contrato de trabalho que, na maioria das vezes, se formaliza com o preenchimento e a simples assinatura da carteira profissional.

Entretanto, há várias outras modalidades de contratos que se realizam quando pelo menos duas pessoas *combinam* alguma coisa (observem que escrevi "*combinam*", e não "*escrevem*").

Se o designer Roberto pedir ao Dr. Cyll a sua bicicleta emprestada para devolver no dia seguinte, essa combinação é um contrato, mesmo que não assinem algum documento com seus detalhes.

Todas essas combinações, sejam escritas ou verbais, são chamadas de "contratos expressos".

Mas há, ainda, outros tipos de combinação, em que as pessoas não precisam escrever, ou mesmo falar, e nem por isso deixam de ser contratos. São chamados de "contratos tácitos".

Resumindo: contrato é tudo aquilo que se combina, quando duas ou mais pessoas se obrigam a fazer, ou a não fazer, a emprestar, a trocar, a ceder, a vender, a prestar etc. alguma coisa, podendo ser expresso (combinado por escrito ou "de boca") ou tácito (a combinação passa a existir mesmo sem necessidade de as pessoas escreverem alguma coisa ou se falarem).

Quando você toma um ônibus, está cumprindo a sua parte em um contrato tácito de transporte, cujas cláusulas (combinações) não precisam ser previamente discutidas entre você e a empresa e resumem-se em: "a empresa, mediante o pagamento de tantos reais, obriga-se a transportá-lo, a partir daquele momento com segurança, no trecho compreendido entre as ruas X e Y, cumprindo tal itinerário". Quando você salta do ônibus, após pagar o serviço que lhe foi prestado (a passagem), termina o contrato entre a empresa e você. Trata-se de contrato tácito bem simples.

Mas há outros contratos que, mesmo sendo expressos, são mais simples ainda. Vejamos: quando no botequim você aponta para um maço de cigarros marca tal, recebe-o e paga o preço, vocês, FORNECEDOR e CONSUMIDOR, cumpriram um contrato perfeito que se realizou em poucos segundos.

Nas relações de consumo realizam-se, todos os dias, muitos milhões de contratos e você — mesmo sem se dar conta disso — é contratante desde que acorda e lava o rosto (contrato de fornecimento de água), até mesmo enquanto está dormindo, pois seus aparelhos elétricos continuam funcionando (contrato de fornecimento de energia elétrica).

A seguir, explanaremos o assunto "contratos" conforme disposto no Código.

Embora a maior parte desse assunto aborde contratos expressos (escritos ou "de boca"), você já sabe que, quando for o caso, também se aplica a contratos tácitos.

Nota Preliminar

Os contratos de aluguéis de imóveis não são regulados pelo CDC, e sim por legislação própria.

1. O consumidor tem o direito de ler e examinar o contrato até o entender perfeitamente. Se não lhe for dada essa oportunidade ou se o que está escrito for propositalmente difícil de compreender e, por isso mesmo, não ficar bem claro para o consumidor quais são seus DIREITOS e até onde vão suas OBRIGAÇÕES, ficará desobrigado de cumprir o que contratou.
2. Sempre que alguma cláusula (combinação) do contrato deixar margem a dúvidas, será dada razão ao consumidor.

Nota

É necessário que o escrito não deixe dúvida, isto é, que tanto esteja dizendo uma coisa como outra; se não deixar dúvida, será dada razão a quem a tiver.

3. Muitas vezes, no decorrer da transação, são escritos outros papéis, tais como recibos de entrada, pedidos de fornecimento, orçamentos etc. Basta que algum desses papéis permita ao juiz, inequivocamente, comprovar a existência da transação, para que o fornecedor fique obrigado a cumprir o que combinou.

Se não cumprir, o juiz determinará que cumpra ou que indenize o consumidor, até mesmo pagando multa, se for o caso.

4. Se o consumidor encomendar algum produto (ou prestação de algum serviço) por telefone, ou no seu domicílio, poderá desistir do negócio. Entretanto, só tem 7 dias para a desistência. Se encomendou assinando um contrato, esse prazo conta a partir da data da assinatura. Se não assinou, conta a partir da data em que recebeu o produto ou o serviço.

Notas

a. O consumidor só poderá desistir se o negócio (combinado por escrito ou não) tiver sido fechado fora do estabelecimento comercial do fornecedor.
b. Se o consumidor desistir, terá direito a receber, imediatamente, com correção monetária, qualquer quantia que já tenha pago, consistindo a não devolução em infração prevista no Decreto nº 2.181, de 20/3/1997 (http://bit.ly/bVML7c).
c. O comprador pode desistir de dar prosseguimento à compra de um imóvel, mesmo já tendo pago umas tantas prestações. E pode solicitar a devolução das prestações. Nesses casos, a Justiça lhe tem reconhecido esse direito, mas também que as imobiliárias, para cobrir as custas que tiveram para realizar o empreendimento, têm o direito de reter um percentual calculado sobre os valores pagos, devendo devolver o restante ao comprador.

5. Qualquer produto que o consumidor compre já vem com garantia, de acordo com o *Código de Defesa do Consumidor*.

Preste bem atenção: não afirmamos que qualquer produto já vem acompanhado de certificado de garantia. O que estamos dizendo é que o fornecedor não pode vender produto defeituoso, ou seja, ao vender qualquer produto, o fornecedor automaticamente, mesmo que não dê nenhum certificado, está obrigado a entregar produto garantido. A essa obrigação, o Código dá o nome de *garantia legal*.

Mas pode ser que a venda seja feita também com *garantia contratual*, que é aquela garantia que o fornecedor dá ao consumidor além da que está obrigado pelo Código, ou seja, além da *garantia legal*.

A essa altura, você pode ficar na dúvida: se o nome dessa garantia é *garantia contratual*, isso significa que ela só tem valor se for feito contrato escrito?

A resposta é NÃO, pois, conforme já explicamos, o contrato pode tanto ser escrito ou combinado verbalmente.

Em outras palavras: havendo ou não contrato escrito, se o produto for vendido com alguma garantia dada por escrito, essa segunda garantia (*garantia contratual*) complementa a primeira (*garantia legal*). Ao dizermos que "complementa", fica bem claro que não "substitui" a primeira garantia, que, como já explanamos, é obrigatória.

Nota

Como o Código é muito exigente, a garantia obrigatória (*garantia legal*) poderá, em algumas vendas, estar garantindo ao consumidor muito mais do que a complementar (*contratual*).

Porém, o consumidor-cidadão, consciente de que a garantia é um direito que a lei lhe conferiu, fará questão de receber certificado de garantia quando comprar, principalmente, produtos de valor elevado. Muitos fabricantes tomam a iniciativa de fornecê-los — uns com objetivo de *marketing*, outros porque realmente fabricam bons produtos e sentem-se à vontade para oferecer garantia. Mas há outros tantos que tomam a iniciativa de fornecê-los visando a limitar, de alguma forma, reclamações que possam vir a receber: "A senhora me desculpe, mas o que está reclamando está fora da garantia..."

Pois bem, os certificados de garantia (alguns vinham, antes da entrada em vigor do CDC, garantindo bem menos do que a lei passou a exigir) terão de ser padronizados e esclarecer, de maneira adequada:

a. em que consiste a garantia;
b. como o consumidor deve proceder para receber seus benefícios;
c. o prazo da garantia;
d. o lugar onde será prestada; e
e. se o consumidor terá alguma obrigação para ter direito a ela.

O Código também determina que o certificado deve ser preenchido pelo fornecedor no ato do fornecimento do produto e que deve vir acompanhado de manual de instrução, instalação e uso. Esse manual precisa ser escrito como se escreve livro escolar, isto é, deve ensinar tudo o que o consumidor necessita saber sobre o produto. Nele é importante constar fotografias, desenhos, diagramas, enfim, ilustrações que ajudem o consumidor a entender tudo bem direitinho.

CAPÍTULO 13

As Cláusulas Abusivas

Há certas cláusulas que não podem constar de contrato porque são proibidas pelo Código. E, mais do que proibidas, são nulas, não têm valor algum, mesmo que tenham sido escritas.

Vejamos quais são:

1. As que livrem, total ou parcialmente, a responsabilidade do fornecedor quanto a defeitos. São cláusulas abusivas, nulas!

NOTA

Se o fornecimento estiver sendo realizado para uma empresa ou entidade, poderá ser combinado, em *situações justificáveis,* que a indenização obedeça a certos limites.

OBSERVAÇÃO

O CDC não define o que são *situações justificáveis,* cabendo ao juiz determiná-las, caso a caso.

2. As que obriguem o consumidor a desistir de seus direitos. São cláusulas abusivas, nulas!
3. As que obriguem o consumidor a transferir seus direitos para o fornecedor ou para outra pessoa. São cláusulas abusivas, nulas!

4. As que tirem do consumidor o direito de receber de volta a quantia que tenha pago, nos casos previstos no Código. São cláusulas abusivas, nulas!
5. As que permitam ao fornecedor transferir suas responsabilidades para outras pessoas. São cláusulas abusivas, nulas!
6. As que estabeleçam obrigações para o consumidor extremamente injustas, abusivas, colocando-o em desvantagem exagerada, ou que sejam incompatíveis com a boa-fé ou igualdade. São cláusulas abusivas, nulas!
7. As que estabeleçam que cabe ao consumidor provar que o produto ou serviço está defeituoso, que foi enganado, que foi abusado, que foi vítima de omissão. São cláusulas abusivas, nulas!

Nota

A desvantagem será exagerada se:
a. Ofender os princípios fundamentais do sistema jurídico a que pertence. É abusiva, é nula!
b. Diminuir direitos ou obrigações fundamentais que costumam fazer parte desses contratos, de modo tal que o objetivo ou o equilíbrio do contrato fique ameaçado. É abusiva, é nula!
c. Obrigar o consumidor a pagar quantia acima do normal. É abusiva, é nula!

OBSERVAÇÃO

O legislador foi tão cuidadoso, foi tão longe, tão minucioso na redação desses impedimentos que fica difícil imaginar um exemplo de contrato que, a um só tempo, contenha todos os abusos nele previstos. Assim, vamos nos limitar a comentar que, nos contratos de compra e venda ou de prestação de serviço, predominam as seguintes certezas:
a. só se realizam se houver alguém que queira comprar e alguém que queira vender, ou seja, se os dois tiverem vontade de realizar a transação;
b. também é certo que ninguém, a menos que seja insensato, contratará a compra de algo que sabe que nunca receberá ou que seja contrário à lei, à moral, aos bons costumes e à ordem pública;

c. também é certo que ninguém aceitará pagar pela coisa, ou pelo serviço, muitas vezes mais do que vale, ou aceitará, por exemplo, só receber certo imóvel para moradia daqui a 50 anos, ou mesmo concordará em só receber um automóvel — que agora está novinho em folha — quando ele tiver rodado 100 mil quilômetros.

Enfim, nos contratos de compra e venda ou de prestação de serviço terá de haver um equilíbrio entre o valor que está sendo pago e o objeto ou serviço que, em troca, será entregue ou prestado.

Se é assim, se é dentro desses limites que as transações se passam no dia a dia das pessoas, o que está dito no Código, em outras palavras, é que terão de continuar sendo assim, tornando-se nulos quaisquer exageros contratuais que prejudiquem o consumidor de boa-fé e a igualdade que deve prevalecer em qualquer negociação.

Nota

A critério do juiz, o consumidor não tem de provar nada. O fornecedor é que tem de provar que não vendeu algo com defeito, que não enganou, que não abusou, que não foi omisso.

8. As que imponham ao consumidor que, em caso de desacordo entre fornecedor e consumidor, será escolhida uma terceira pessoa para dizer quem é que está com a razão. São cláusulas abusivas, nulas!
9. As que imponham que outra pessoa representará o consumidor para concluir ou realizar outro negócio em seu nome (o consumidor só se fará representar por procurador se quiser). São cláusulas abusivas, nulas!
10. As que estabeleçam que o consumidor terá de cumprir o contrato, porém que o fornecedor só o cumprirá se assim quiser. São cláusulas abusivas, nulas!
11. As que estabeleçam que o fornecedor, direta ou indiretamente, possa, sem a concordância do consumidor, variar o preço. São cláusulas abusivas, nulas!

Nota

É muito comum, em certos contratos, principalmente nos de prestação de serviços de longa duração, como, por exemplo, nos de segurança e vigilância, ficar estabelecido que havendo aumento de custo de mão de obra, o fornecedor poderá aumentar o preço em decorrência de dissídio coletivo da categoria. Porém, de acordo com o CDC, esta cláusula tem de dispor, claramente, em que circunstâncias, quando e em quanto o preço poderá sofrer variação.

12. As que estabeleçam que o fornecedor poderá cancelar o contrato, mas que não assegurem ao consumidor igual direito. São cláusulas abusivas, nulas!
13. As que obriguem o consumidor a pagar as despesas que o fornecedor tiver para cobrar-lhe de prestação atrasada. São cláusulas abusivas, nulas!

NOTA

Só pode constar no contrato que o consumidor terá de pagar tais despesas se também constar que o fornecedor precisa pagar as despesas que o consumidor venha a ter para receber algo que o fornecedor ficar devendo.

14. As que autorizem o fornecedor a modificar o contrato após a sua celebração. São cláusulas abusivas, nulas!

NOTA

É evidente que qualquer contrato pode vir a sofrer modificação; entretanto, para poder ser modificado, é necessário haver a concordância das partes.

Essa é a regra geral que impera há muitos e muitos anos em todas as relações contratuais, mas em certos casos a sociedade vem intervindo em benefício do povo. Assim procedeu para:

a. Dizer que o mutuário do Sistema Financeiro da Habitação (SFH) pode transferir a terceiros os direitos e obrigações decorrentes do respectivo contrato, obedecidos certos condicionantes (veja, na íntegra, a Lei nº 8.004, de 14/03/1990) (http://bit.ly/bKlOVy).

b. Definir os planos de reajustamento dos encargos mensais e dos saldos devedores nos contratos de financiamentos habitacionais no âmbito do Sistema Financeiro da Habitação, criando, para tal, o Plano de Comprometimento da Renda (PCR) (Lei nº 8.692, de 28/7/1993) (http://bit.ly/cbtdA5)

c. Estabelecer regras para o sistema de consórcios (Lei nº 11.795, de 8/10/2008) (http://bit.ly/bd1cqF). Considere-se que qualquer consórcio é formalizado mediante um contrato.

d. Determinar que as escolas públicas e privadas, da rede de ensino do País, que obrigam o uso de uniformes aos seus alunos, não podem alterar o modelo de fardamento antes de transcorridos 5 anos de sua adoção (Lei nº 8.907, de 06/07/1994) (http://bit.ly/bJ1fTs). As relações dos alunos com as escolas são regidas por contratos.

e. Estabelecer que as concessionárias de serviços públicos, de direito público e privado, nos Estados e no Distrito Federal, são obrigadas a oferecer ao consumidor e ao usuário, dentro do mês de vencimento, o mínimo de seis datas opcionais para escolherem os dias de vencimento de seus débitos. Assim, as contas de eletricidade, água, gás e telefone estão abrangidas por essa norma, que visa a permitir ao consumidor adequar seus compromissos financeiros às datas de recebimento de salários (Lei nº 9.791, de 24/03/1999) (http://bit.ly/9LMqK2). Esses fornecimentos são regidos por contratos.

OBSERVAÇÃO

Segundo decisão do STJ, de 19/08/2010, o recolhimento do ICMS só pode recair sobre a demanda de eletricidade consumida, e não sobre a contratada.

f. Dizer que o valor das anuidades ou das semestralidades escolares do ensino pré-escolar, fundamental, médio e superior será contratado no ato da matrícula ou de sua renovação, entre o estabelecimento de ensino e o aluno, o pai do aluno ou o responsável (Lei nº 9.870, de 23/11/1999) (http://bit.ly/aM0PrM).

g. Estabelecer que a prevenção da violência nos esportes é de responsabilidade do poder público, das confederações, federações, ligas, clubes, associações ou entidades esportivas, entidades recreativas e associações de torcedores, inclusive de seus respectivos dirigentes, bem como daqueles que, de qualquer forma, promovem, organizam, coordenam ou participam dos eventos esportivos. Cabe lembrar que nos eventos em que a entrada subordina-se à compra de ingressos, dá-se curso a um contrato de prestação de serviços (Lei nº 10.671, de 24/05/2003) (http://bit.ly/9zsLen).

Essa Lei foi regulamentada pelo Decreto nº 6.795, de 16/03/2009) (http://bit.ly/9X2s3B) que estabeleceu normas concernentes ao controle das condições sanitárias e de segurança dos estádios onde são realizadas competições desportivas.

h. Dispor sobre a exigência do cadastramento de usuários de telefones celulares pré-pagos, estabelecendo, ainda, que os prestadores de serviços, isto é, os fornecedores, devem disponibilizar para consulta do juiz, do Ministério Público ou da autoridade policial, mediante requisição, listagem das ocorrências de roubos e furtos de aparelhos de telefone celular, contendo nome do assinante, número de série e código dos telefones. Dispõe, ainda, que as empresas que prestam esse serviço (fornecedoras) sujeitam-se à multa de R$ 100.000,00 e à rescisão contratual se não mantiverem o cadastro.

Compete aos usuários, ou seja, aos consumidores, comunicar imediatamente ao prestador de serviços ou seus credenciados, o roubo, o furto ou extravio de aparelhos, a transferência de titularidade do aparelho e qualquer alteração das informações cadastrais, submetendo-se, ainda, no caso de não comunicação, à multa de até R$ 50,00 por infração, cumulada com o bloqueio do sinal telefônico. (Lei nº 10.703, de 18/07/2003) (http://bit.ly/czQRGa).

i. Dispor que os bilhetes de passagens adquiridos no transporte coletivo rodoviário de passageiros intermunicipal, interestadual e internacional terão validade de 1 (um) ano, a partir da data de sua emissão, independentemente de estarem com data e horários marcados. Convém assinalar que essa lei intervém no contrato de prestação de serviços de transporte, em que são partes, na condição de fornecedores, as empresas de transporte de passageiros, e na condição de consumidores, os passageiros (Lei nº 11.975, de 7/08/2009) (http://bit.ly/9oLj65).

j. A Resolução Normativa nº 414 da Agência Nacional de Empresa de Energia Elétrica (Aneel), que entrará em vigor a partir de 01/12/2010, estabelece regras relativas ao corte de energia elétrica no caso de atraso do pagamento de contas.

15. As que infrinjam ou possibilitem a violação de normas ambientais. São cláusulas abusivas, nulas!
16. Aquelas em que conste que o fornecedor não se obriga a obedecer ao regime de preços tabelados, congelados, administrados, fixados ou controlados pelo Poder Público. São cláusulas abusivas, nulas!

17. As que restrinjam os direitos e obrigações que devem constar em qualquer contrato, de modo a desobrigar que o fornecedor cumpra o que foi combinado ou aquelas em que há flagrante desequilíbrio contratual em desfavor do consumidor. São cláusulas abusivas, nulas!
18. As que eximem o fornecedor de assegurar a reposição de peças ou de continuar importando-as por período razoável de tempo, nunca inferior à vida útil do produto ou serviço. São cláusulas abusivas, nulas!
19. As que estipulem, nos contratos de compra e venda mediante pagamento em prestações, ou nas alienações fiduciárias em garantia, a perda total das prestações pagas, em benefício do fornecedor, e as cláusulas que proíbam o consumidor de pleitear a extinção do contrato, no caso em que não possa continuar a pagar o combinado, ressalvada a cobrança judicial de perdas e danos comprovadamente sofridos pelo fornecedor. São cláusulas abusivas, nulas!
20. As que contenham disposições que infrinjam normas ambientais ou possibilitem a sua violação. São cláusulas abusivas, nulas!
21. As que impeçam, dificultem ou neguem ao consumidor o direito de liquidar, antecipadamente, o débito, total ou parcialmente, mediante redução proporcional dos juros, encargos e demais acréscimos, inclusive seguro. São cláusulas abusivas, nulas!
22. As que, em qualquer contrato, especialmente nos de adesão, não façam uso de termos claros, caracteres ostensivos e legíveis, que permitam sua imediata e fácil compreensão, destacando-se as cláusulas que impliquem obrigação ou limitação dos direitos contratuais do consumidor, inclusive com a utilização de tipos de letra e de cores diferenciados, entre outros recursos gráficos e visuais. São cláusulas abusivas, nulas!
23. Aquelas em que conste a aplicação de índices ou formas de reajustes alternativos, em desacordo com o que seja legal ou contratualmente permitido. São cláusulas abusivas, nulas!
24. As que impeçam a troca de produto impróprio, inadequado, ou de valor diminuído, por outro da mesma espécie, em perfeitas condições de uso, ou a restituição imediata da quantia paga, devidamente corrigida, ou fazer abatimento proporcional do preço, a critério do consumidor. São cláusulas abusivas, nulas!

25. As que estabeleçam que o fornecedor não se obriga a reexecutar o serviço, quando cabível, sem custo adicional. São cláusulas abusivas, nulas!
26. As que estabeleçam que o fornecedor não tem prazo determinado para iniciar o cumprimento do que combinou ou que não tem prazo certo para concluir o combinado. São cláusulas abusivas, nulas!
27. As que estejam em desacordo com o *Sistema de Proteção ao Consumidor*. São cláusulas abusivas, nulas!

NOTA

Em recente decisão, datada de 18/08/2010, o STJ definiu que, em caso de atraso da construtora na entrega de imóvel, é abusiva cláusula que determine a restituição das parcelas pagas somente no final de obra.

NOTA

O STJ, em 26/05/2010, decidiu que não é abusiva, nos contratos de venda de veículos na modalidade de *leasing*, cláusula que obriga o financiado a fazer seguro total do bem arrendado.

28. As que estabeleçam que o consumidor não terá direito a receber indenização devido a *benfeitorias necessárias* que pagou do próprio bolso. São cláusulas abusivas, nulas!

CASO

Vamos dar exemplo:

Lobo aluga um carro para fazer longa viagem ao Pantanal mato-grossense na época das cheias dos rios. O automóvel quebra. Se ele não trocar logo a peça danificada, saindo dali naquele dia, virão as águas e o carro sofrerá deterioração. Logo, ele compra e manda trocar. Ao devolver o carro à agência, toma ciência de que não será reembolsado porque no contrato consta que não tem direito a tal. Pois bem, esta cláusula contratual não poderia figurar, porque ele fez *benfeitoria necessária*, portanto é nula. E, sendo nula, o reembolso lhe é devido. Mas convém que ele se cerque de cuidados: peça a nota fiscal da peça, o recibo, e anote o nome e dados de testemunhas.

Bem, essas são as cláusulas abusivas, portanto nulas de pleno direito, isto é, mesmo que constem do contrato não têm valor, não obrigam o consumidor a cumpri-las. Entretanto, vejamos mais alguns aspectos sobre esse assunto igualmente importantes.

Notas

1. O fato de uma ou mais cláusulas tornarem-se nulas não invalida o restante do contrato.
2. Contudo, pode vir a invalidar se, em decorrência de sua retirada do contrato, o consumidor ou o fornecedor ficar excessivamente onerado.
3. Se o consumidor ou entidade que o represente assim desejar, poderá requerer ao Ministério Público que entre com ação na Justiça para anular cláusula abusiva.
4. Se a compra ou a prestação do serviço estiver sendo combinada a crédito ou com financiamento ao consumidor, o fornecedor deverá informar previamente:
   a. o preço em reais;
   b. qual é taxa efetiva anual de juros a que o consumidor se obrigará, ou seja, de juros compostos;
   c. quanto de taxa de juros de mora o consumidor pagará se atrasar alguma prestação;
   d. quais são os acréscimos legalmente previstos;
   e. quantas são as prestações e quando vencem;
   f. qual seria a soma total se pagasse à vista; e
   g. qual é a soma total a pagar comprando a prestação.

OBSERVAÇÃO

1. A multa por atraso no pagamento de prestação não poderá ser superior a 2% do seu valor, conforme disposto na Lei nº 9.298, de 1/08/1996 (http://bit.ly/aKF9No).
2. Se o consumidor quiser, poderá antecipar o pagamento de todo o débito ou de parte dele. Se assim proceder, terá direito à redução proporcional dos juros e dos demais acréscimos.
3. Se o consumidor deixar de pagar as prestações, é provável que o credor (isto é, quem lhe vendeu a casa, carro, geladeira etc.)

queira tomar de volta o que vendeu e cancelar o contrato. Se agir assim, não estará errado, desde que no contrato estivesse combinado dessa forma. Entretanto, note bem, o *consumidor não perde as prestações que já pagou.*

NOTAS

A. Se no contrato constar que o consumidor perde as prestações, essa cláusula não vale nada, é considerada nula, e não pode, em consequência, ser usada para o credor ficar com o valor das prestações já pagas.
B. O Código não proíbe que no contrato esteja escrito que, nesse caso, o consumidor terá ainda de pagar alguma quantia em decorrência da avaliação que vier a ser feita do objeto devolvido. Realmente, não seria justo que o consumidor, além de ter direito a receber de volta as prestações, ficasse desobrigado a pagar algo em decorrência da desvalorização sofrida pelo produto.
C. O Código não proíbe que no contrato fique estabelecido:
   1. que o consumidor terá direito a alguma compensação pelas melhoras que tenha feito no bem que está devolvendo [embora, em várias oportunidades, não havendo essa cláusula no contrato, a Justiça tenha decidido que, se o bem valorizou-se por si próprio (isto é, sem que o comprador tenha tido trabalho ou despesa para valorizá-lo), essa valorização não pode ser cobrada do vendedor];
   2. que o consumidor tenha de pagar alguma quantia pela utilização que fez do bem que está devolvendo.

Essa regra anteriormente citada também vale para o caso de consórcio, isto é, o consumidor tem direito a ser reembolsado do valor das prestações que pagou; porém, note bem, poderá sofrer algum desconto pela utilização do bem (carro, imóvel, TV, geladeira) e pelos prejuízos que tenha causado ao grupo de consorciados.

NOTA

Não pretenda o consorciado que foi contemplado no sorteio de consórcio com o recebimento de veículo — utilizou-o durante meses ou anos e devolveu-o ao consórcio — receber, com base no que dispõe o CDC, as prestações pagas. O STJ entendeu que haveria indisfarçável desequilíbrio se fosse dado ao consumidor o direito de restituição integral do valor pago após quase três anos de uso de um bem que sofre forte depreciação com o tempo. Nesse caso, o STJ entendeu que prevalecem as regras do Decreto-Lei nº 911/1969 (http://bit.ly/95WCCK), que trata de alienação fiduciária. O recurso do consumidor foi negado.

Notas

A. Tanto no caso da compra em prestações como naquela por meio de consórcio, no Código não está escrito que a devolução das prestações pagas será feita com correção monetária.

B. Está escrito apenas que os valores que constarem nos contratos terão de ser escritos em reais.

OBSERVAÇÃO

1. Quando o Código determina que sejam escritos em reais, na realidade o que faz é proibir que sejam escritos em dólares ou em outra moeda estrangeira, salvo nos casos previstos em lei.
2. O Código não proíbe que os valores, além de citados em reais, também sejam, paralelamente, referidos em outra unidade de referência, porém vide o inciso II, do art. 6, da Lei 8.137, no Capítulo 8 deste livro ("Infrações Penais") (http://bit.ly/cdgIt0).

Nota

Decidindo sobre o direito à restituição das parcelas até então pagas na compra de um imóvel devolvido pelo comprador à construtora, após habitá-lo durante seis anos, o STJ entendeu que, à vista de jurisprudência do tribunal, e do montante pago pelo consumidor, o fornecedor poderia reter 20% a título de despesas administrativas, somada a outros 30% referentes à indenização pela posse e uso do imóvel durante aqueles anos, de modo que a retenção total não ultrapassasse 50% do valor pago.

Nota

A Justiça tem intervindo para assegurar direitos do consumidor a despeito de o contrato rezar de modo diverso. Assim decidiu, conforme foi publicado no site do STJ, em 17/03/1999, que seguro de saúde não pode determinar limite de tempo para internação. O contrato com a seguradora estipulava um limite máximo de 30 dias para a internação de pacientes em CTI, com uma possível prorrogação de 7 dias. O filho da segurada, nascido de parto prematuro, carecia de internação prolongada, devido a complicações pulmonares, que ultrapassava os 37 dias. A seguradora entendia, para não mais arcar com as despesas da internação, que a cláusula contratual deveria prevalecer. Mas a Corte decidiu acatar a argumentação do advogado da parturiente de que a imposição da seguradora ia contra as normas do Código de Defesa do Consumidor e feria artigo do Código Civil e resolução do Conselho Federal de Medicina que regulamenta os contratos de seguro. A decisão do STJ criou jurisprudência favorável aos segurados de qualquer plano de saúde que precisem entrar na Justiça pedindo nulidade de cláusula que determine tempo de internação.

De igual modo, a Justiça decidiu que portadores de infecções e doenças contraídas pelo vírus da Aids têm direito à assistência médica as expensas de seguradora de plano de saúde e que cláusulas que as eximam dessa obrigação são abusivas. Assim consta de publicação no site do STJ, de 19/11/1999, encerrada com as seguintes orações:

> *Para a Quarta Turma, empresas que exploram planos de seguro-saúde e recebem contribuições de associado sem submetê-lo a exame não podem recusar-se ao pagamento das despesas médico-hospitalares, alegando omissão nas informações do segurado. Segundo o ministro Ruy Rosado, relator do processo, o fato de a cláusula abusiva ter sido aprovada pelo órgão estatal responsável pela fiscalização das atividades da seguradora não impede o Judiciário de considerá-la inválida. Se a empresa, interessada em alargar seus quadros de segurados, não examina previamente os candidatos ao contrato, não tem razão em formular queixas decorrentes de sua omissão, finalizou o ministro.*

NOTA

A seguir, caro leitor, veja essa providencial decisão do STJ, que diz respeito aos planos de saúde, que está transcrita na íntegra, a fim de que não pairem dúvidas quanto a sua interpretação:

Pode até o plano de saúde estabelecer quais doenças estão por ele cobertas, porém não qual dos tipos de tratamento está alcançado para a respectiva cura. Se cobre a cirurgia cardíaca, não pode vetar o uso de *stent;* se coberta a de próstata, não pode impedir o uso do esfíncter artificial necessário ao controle da micção. Tal não se pode dar também com o câncer. Se essa patologia está coberta, inviável o veto à quimioterapia ao fundamento de que seria apenas uma das alternativas à cura da doença. O empeço a que o **consumidor** receba o tratamento mais moderno no momento em que instalada a doença coberta revela a abusividade da cláusula impeditiva que põe em risco a vida do **consumidor.** REsp 668.216-SP, Rel. Min. Carlos Alberto Menezes Direito, julgado em 15/03/2007.

Da mesma forma, o STJ decidiu que os planos de saúde não podem subtrair do consumidor associado o direito aos procedimentos médicos ou cirúrgicos necessários a seu tratamento, dentre eles os transplantes de órgãos.

CAPÍTULO **14**

Os Contratos de Adesão

Já vimos que os contratos podem ser tácitos ou expressos e que, nos últimos, as partes têm a oportunidade de combinar o que querem, de discutir detalhes, de fazer modificações.

Mas há um tipo de contrato expresso no qual o consumidor não tem essa oportunidade.

Trata-se do chamado *"contrato de adesão"*, que é aquele em que todas as cláusulas já vêm escritas. É pegar ou largar...

Comumente, tais contratos já vêm impressos em letras miudinhas e são redigidos em linguagem jurídica tão complicada que é difícil entendê-los totalmente, a menos que o consumidor seja advogado.

Pois bem, de acordo com o Código e legislação correlata, doravante, tais contratos terão de ser redigidos com o emprego de palavras que o consumidor entenda.

E não mais podem ser escritos com letras miudinhas. Além disso, sempre que no contrato constar algo que retire ou diminua o direito do consumidor, isso deve ser escrito em negrito, ou com LETRAS MAIORES do que as demais, e em outra cor, a fim de que o assunto não passe despercebido. Nesses impressos pode constar cláusula que estabeleça que o que está sendo contratado pode ser cancelado, porém como na maioria desses contratos o fornecedor procura cercar-se de todas as garantias, de modo a ficar com as vantagens, o Código previu que, nesse caso, terá de ser dada ao consumidor a oportunidade de escolher uma alternativa de modo a não ficar com o prejuízo, seja exigindo ressarcimento por perdas e danos ou o por cumprimento da obrigação contratual.

Nota

Se o contrato de adesão disser respeito a consórcio, prevalece a regra a que já nos referimos.

Se esses contratos, de acordo com o CDC, precisam respeitar essas regras, há sempre a possibilidade de que algum espertinho logo imagine uma saída inteligente para confeccionar contrato de adesão descaracterizado: deixaria o modelo de contrato de adesão memorizado no computador, preencheria os dados do consumidor e imprimiria o contrato de modo a parecer que todas as cláusulas, inclusive as desfavoráveis ao consumidor, foram discutidas pelos contratantes, o que descaracterizaria o contrato como sendo de adesão.

Pois bem, para evitar tal esperteza, no Código está escrito que: "a inserção de cláusula no formulário não desfigura a natureza de adesão do contrato".

Em outras palavras, o fornecedor não deverá perder seu tempo utilizando qualquer outro artifício em contrato de adesão, porque mesmo assim ele continuará sendo dessa natureza...

CUIDADOS, DE A A Z

Finalmente, ao encerrar este capítulo, sugerimos uma série de cuidados que o consumidor deve tomar quando for contratar algo.

Nota

De acordo com o § 2º do art. 9º, da Lei de Introdução ao Código Civil – LICC, de 1942 (http://bit.ly/b7MOkr) [seria mais correto chamá-la de Lei das Leis porque apesar de levar o seu nome, ela não integra o Código Civil, mas a ele se sobrepõe, como se sobrepõe a todo o nosso ordenamento jurídico] a obrigação resultante do contrato reputa-se constituída no lugar em que residir o proponente (isto é, onde residir o vendedor).

Entretanto, adequando-se à nova realidade incorporada às relações de consumo com o advento da internet, por meio da qual o cidadão residente no Brasil adquire mercadorias no estrangeiro contratando mediante pedido eletrônico, o STJ já se pronunciou no sentido de obrigar, de acordo com o CDC, empresa multinacional a reparar, no Brasil, mercadoria adquirida no estrangeiro.

Nota

É muito comum as partes inserirem nos contratos cláusulas vedando o arrependimento. Normalmente utilizam as expressões "irretratável" e "irrevogável". Mas a Justiça tem decidido, em alguns casos, pela retratabilidade e revogabilidade destas cláusulas. Vejamos o exemplo a seguir, extraído de decisão do STJ:

Arrependimento de consumidor pode cancelar financiamento bancário

É possível o consumidor exercer o direito de arrependimento nas compras que faz, após a assinatura de contrato de financiamento com cláusula de alienação fiduciária. A decisão é da Terceira Turma do Superior Tribunal de Justiça (STJ), que aplicou as normas do consumidor à relação jurídica estabelecida entre o Banco ABN AMRO Real Ltda. e um consumidor de São Paulo.

O banco ingressou com um pedido de busca e apreensão de um veículo pelo inadimplemento de um contrato de financiamento firmado com o consumidor. Esse alegou que exerceu o direito de arrependimento previsto no art. 49 do Código do Consumidor e que jamais tinha se imitido na posse do bem dado em garantia. O Tribunal de Justiça do Estado entendeu que a regra era inaplicável no caso, pelo fato de o Código não servir às instituições bancárias.

A Terceira Turma do STJ reiterou o entendimento jurisprudencial quanto à aplicação do Código do Consumidor às instituições financeiras e considerou legítimo o direito de arrependimento. Segundo a decisão da relatora, o consumidor assinou dois contratos, o de compra e venda com uma concessionária de veículos e o de financiamento com o banco. Após a assinatura do contrato de financiamento, ocorrido fora do estabelecimento bancário, o consumidor se arrependeu e enviou notificação no sexto dia após a celebração do negócio.

De acordo com o art. 49, o consumidor tem sete dias a contar da assinatura do contrato para desistir do negócio, quando a contratação ocorrer fora do estabelecimento comercial. O banco alegava ainda que não seria possível o direito de arrependimento porque o valor repassado ao contrato de empréstimo já tinha sido inclusive repassado para a concessionária de veículos antes da manifestação de desistência do consumidor.

Segundo a relatora, "não houve no caso formação nem ajuste de obrigações contratuais, motivos pelos quais deve ser julgado improcedente o pedido da ação de busca e apreensão."

Bem, seguem os cuidados de A a Z.

A. Antes de contratar a compra de qualquer produto ou a prestação de qualquer serviço, discuta todos os detalhes da transação, de modo a ficar bem esclarecido sobre o que está comprando ou encomendando.

B. De preferência, contrate por escrito tudo o que for de valor elevado.

C. Não assine nada sem ter lido tudo tim-tim por tim-tim e entendido o que está escrito.

D. Em caso de dúvida, primeiro consulte um advogado.

E. Sempre que possível, antes de assinar qualquer contrato leve uma cópia para casa e examine-o cuidadosamente; se não souber o significado de alguma palavra, consulte um dicionário.

F. Ao firmar qualquer contrato, pegue logo a sua via.

G. Mesmo nos casos em que a lei não exige, é bom que o contrato seja testemunhado, porque segundo o art. 112 do Código Civil, vale mais a intenção das partes do que o que nele está escrito (http://bit.ly/cDoZ15).

OBSERVAÇÃO

Se o consumidor for analfabeto, o contrato será firmado por seu representante e, obrigatoriamente, assistido por testemunhas que também o assinarão.

H. No contrato terá de estar escrito, claramente, qual é a sua finalidade (objeto), preço e prazo.

OBSERVAÇÃO

O Código Civil (http://bit.ly/cDoZ15) admite a existência de contrato no qual o preço será determinado futuramente por uma terceira pessoa, porém isso não é usual no nosso dia a dia. Admite, ainda, que se essa terceira pessoa não aceitar a incumbência, o contrato ficará sem efeito, a menos que os contratantes acordem designar outra pessoa. Também admite deixar a fixação do preço em função de índices ou parâmetros, desde que suscetíveis de objetiva determinação. E mais, que convencionada a venda sem fixação de preço ou de critérios para a sua determinação, se não houver tabelamento oficial, entende-se que as partes se sujeitaram ao preço corrente nas vendas habituais do vendedor. Na falta de acordo, por ter havido diversidade de preço, prevalecerá o termo médio. Mas nulo é o contrato de compra e venda, quando se deixa ao arbítrio exclusivo de uma das partes a fixação do preço.

I. No contrato terão de constar, claramente, quem são os contratantes.

J. No contrato precisa constar a cidade onde foi firmado e a data.

L. Se além do contrato propriamente dito mais algum documento dele fizer parte (anexo, adendo, planta, desenho, seja não importa o que for), deverá nele ser citado e assinado pelas partes.

M. Se o contrato for referente à compra de imóvel, deverá ser feito em cartório e, em seguida, registrado no Registro de Imóveis. Lembre-se, caro leitor, da máxima: "só é dono quem registra!"

N. No contrato têm de constar os dados do fornecedor e do consumidor: número da carteira de identidade, CPF e endereço.

O. Se algum dos contratantes (ou ambos) for uma empresa, ou uma entidade, precisará constar o número do seu CNPJ e da inscrição (estadual ou municipal), bem como os dados da pessoa que por ela está firmando, assinalando o cargo que nela exerce.

OBSERVAÇÃO

Só podem firmar contrato em nome de pessoa jurídica de direito privado ou entidade particular as pessoas assim autorizadas no documento de sua constituição ou as que tenham a devida procuração. Em várias demandas, a justiça tem reconhecido que obrigações assumidas por prepostos, assim entendidos os empregados qualificados, obrigam a contratante a honrar o que foi combinado, pois supõe-se que o sócio ou dirigente seja diligente e não permita que ninguém desautorizado assuma tais obrigações. Apesar disso, tratando-se de transação que envolva valor elevado, recomenda-se ao consumidor exigir que o contrato seja firmado pelo sócio, dirigente ou procurador da pessoa jurídica, a fim de evitar contratempos futuros. Em alguns negócios, tais como os firmados com bancos, financeiras etc., tal precaução é desnecessária, pois é notório que os gerentes têm capacidade jurídica para assumir os compromissos de praxe.

P. Sempre que, em decorrência de contrato, o consumidor pagar alguma quantia, deve exigir, no ato, o correspondente recibo.

Q. Nos contratos de venda a prazo, sempre estarão escritos o valor da entrada e o das prestações, porém a simples menção ao valor da entrada não vale como recibo do seu pagamento. Assim, o consumidor deve exigir recibo da entrada.

R. Nota fiscal não é recibo, a menos que nela conste um carimbo com os dizeres "recebemos o valor de que trata a presente nota fiscal", ou algo semelhante. Tal carimbo terá de ser assinado pelo representante da pessoa jurídica.

S. O contrato perderá a validade se contiver emendas ou rasuras, a menos que, no seu final, seja feita ressalva, tanto na via do fornecedor como na do consumidor.

T. O contrato será nulo se o seu objeto for ilícito (contra a lei) ou contra a moral, os bons costumes, a ordem pública, ou se um dos contratantes for considerado incapaz, não puder expressar a sua vontade ou for declarado ausente por ato de juiz. Tratando-se de contrato de consumo, as cláusulas que impliquem obrigação ou limitação dos direitos do consumidor precisam ser ressaltadas com tipos de letras e com cores diferenciadas, entre outros recursos gráficos e visuais.

U. O contrato também será nulo se o seu objeto for impossível, isto é, por exemplo, se tiver por finalidade trazer o mar até Minas Gerais...

V. O contrato também será nulo se o seu objeto não contiver interesse econômico apreciável: não é possível contratar a venda de um grão de farinha!

X. Também será nulo se deixar de obedecer à forma determinada em lei. A maioria dos contratos de compra e venda não têm forma determinada em lei, porém alguns precisam se revestir de alguma formalidade. Por exemplo, não seria razoável que alguém houvesse aderido a consórcio para a compra de automóvel sem que existisse contrato escrito. Nos contratos imobiliários, além das cláusulas essenciais que figuram em qualquer contrato, são exigidas outras tantas.

Z. Finalmente, os contratos poderão ser anulados, total ou parcialmente, se contrariarem o Código de Defesa do Consumidor, conforme já explanado quando tratamos das cláusulas abusivas.

CAPÍTULO **15**

A Cobrança de Dívidas

Há pessoas que têm o costume de não pagar suas contas. São os chamados caloteiros.
Há outras que pagam tudo com atraso. São os maus pagadores.
Mas há outros que, devido a alguma circunstância inesperada (doença em pessoa da família, demissão etc.), atrasam o pagamento da prestação.
Quer essas pessoas sejam caloteiras, más pagadoras ou simplesmente estejam atrasadas, é normal que o credor cobre o atrasado. Porém o Código diz que a cobrança tem de ser feita naturalmente, sem forçar ou ameaçar o consumidor, ou mesmo sem expô-lo a ridículo.
A cobrança de atrasados pode ser feita com correção monetária, juros de mora e multa de mora de 2% (http://bit.ly/aKF9No), se assim estiver previsto no contrato. O fornecedor também pode acrescentar qualquer despesa que tenha tido para fazer a cobrança, se assim estiver previsto no contrato e se nele também for dado igual direito ao consumidor, isto é, se o consumidor também puder cobrar-lhe qualquer despesa que tenha para exigir-lhe o cumprimento de obrigação contratual.
Lembre-se, contudo, do que dissemos no início deste livro: se o fornecedor, propositalmente, cobrar do consumidor quantia superior a que é devida, terá de devolver em dobro o que recebeu a mais, com correção monetária e juros.
Assim, quando for feito o pagamento de algo atrasado em que haja cobrança de correção monetária, juros ou multa, o consumidor deve exigir

do fornecedor recibo discriminando parcela por parcela a quantia que está pagando.

Se vier a constatar que lhe foi cobrado mais do que devia, terá o direito de exigir a restituição do que pagou a mais, conforme explanado anteriormente.

Bancos de Dados e Cadastros de Consumidores

Ao longo da vida do consumidor, em vários locais, vão sendo anotados dados sobre ele.

Tal ocorre nas lojas onde compra a prazo, nos bancos, no SPC, na Serasa etc. São os chamados "dados cadastrais".

Pois bem, o CDC determina que o consumidor tem o direito de saber o que consta sobre ele em cada um desses cadastros e de onde se originou a informação.

Nesses cadastros, os dados devem ser escritos com objetividade e clareza, ser verdadeiros e de fácil compreensão. E não podem conter informações negativas sobre fatos ocorridos há mais de 5 anos.

Se vier a ser aberto algum cadastro, ficha, registro ou anotação de dados pessoais ou de consumo a respeito do consumidor (sem sua autorização), tal fato lhe deve ser comunicado, por escrito.

Recebendo a comunicação, o consumidor examinará os dados para ver se estão exatos. Se não estiverem, poderá exigir que sejam imediata e gratuitamente corrigidos. Nesse caso, o arquivista tem 5 dias de prazo para comunicar a correção a todos aqueles a quem tenha enviado tais dados e informar ao consumidor as correções cadastrais por ele solicitadas.

Tendo o consumidor pago o que deve ou caducado o direito do fornecedor de fazer a cobrança, o SPC, ou qualquer outro órgão de proteção ao crédito, terá de limpar a ficha do consumidor, isto é, não poderá dar informações negativas que possam impedir-lhe ou dificultar-lhe obter novamente crédito com fornecedores.

A ADCON - Associação Brasileira de Defesa do Consumidor, da Vida e dos Direitos Civis (http://www.adcon.org.br/) referindo-se ao SPC — Serviço de Proteção ao Crédito —, ressalta, interpretando os arts. 3º, § 2º, e 14 do CDC, que:

I — os bancos respondem pelos danos causados ao consumidor em razão de falhas no preenchimento de cadastro. Sendo defeito do serviço, a instituição financeira deve indenizar independentemente da prova de sua culpa;

II — o juiz, ao arbitrar o valor da composição pelo dano moral, deve valer-se do princípio da lógica razoável, que tem como parâmetro o homem médio atingido pelo vexame de ver seus créditos recusados.

Desde a entrada em vigor do Código, passou a existir, também, outra espécie de "SPC", com finalidade oposta: a de informar quais são os maus fornecedores.

Para isso, os órgãos públicos de defesa do consumidor manterão cadastros atualizados de reclamações fundamentadas sobre mau comportamento de fornecedores.

Esses órgãos divulgarão ao público, anualmente, quais foram esses maus fornecedores e se cada um dos citados atendeu ou não à reclamação de consumidor prejudicado.

Além do que constar nessa lista, qualquer interessado poderá consultar esse órgão de defesa do consumidor, a fim de obter outras informações sobre o caso que quiser.

E acessar o Departamento de Proteção e Defesa do Consumidor (http//portal.mj.gov.br/dpde) bem como o Capítulo Consultas.

NOTA COPIADA DE DECISÃO DO STJ

O Serasa tem de notificar o consumidor do registro de seu nome no cadastro de proteção e comprovar o envio da notificação. No entanto, o órgão não é obrigado a provar que o consumidor recebeu a notificação. Com esse entendimento o Superior Tribunal de Justiça acolheu recurso da empresa contra um consumidor do Rio de Janeiro.

Punições Administrativas

O Código revela as diversas punições que podem ser aplicadas a fornecedores faltosos, que vão desde multas, imposição de contrapropaganda, até mesmo cassação do alvará de funcionamento.

Como se trata de assunto que está bem claro no Código, não vamos explaná-lo aqui; porém, recomendamos que os fornecedores leiam os arts. n°s 55 a 60 do CDC, no Apêndice.

CAPÍTULO **16**

Infrações Penais

Crime é a infração punível com reclusão ou detenção.

Popularmente, a expressão infração penal e as palavras crime e delito têm o mesmo significado.

Porém, seja qual for a palavra empregada, uma coisa é certa: é necessário que o fato ocorrido se ajuste, perfeitamente, ao que está escrito na lei. Se o que ocorreu não se passou exatamente como consta dela, não houve aquele crime específico. Vamos dar exemplo.

No CDC está escrito que é crime "executar serviço de alto grau de periculosidade, contrariando determinação de autoridade competente".

Examinemos bem o que está escrito, começando por perguntar:

a. Como se mede se o grau de periculosidade é baixo, médio ou alto?

b. O que quer dizer "contrariar determinação"? Significa não executar, de modo algum, o serviço, ou não fazer exatamente da maneira como a autoridade falou que deveria ser feito?

c. Quem é a "autoridade competente" para determinar se o serviço pode ou não ser feito?

Caso

Uma empresa é contratada para limpar um hospital particular e seu empregado resolve passar no chão engordurado da cozinha pano embebido com produto inflamável. Estando o fogão aceso, o cozinheiro adverte: não faça isso porque pode ocasionar incêndio.

Mesmo assim, o limpador prossegue, culminando em incêndio e queimando os dois.

Mais tarde, na Justiça, o advogado do limpador argumenta que o cozinheiro não era autoridade competente para determinar algo ao empregado do fornecedor, conseguindo, talvez, a critério do juiz, descaracterizar o crime capitulado no *Código de Defesa do Consumidor* (se bem que, no caso, provavelmente tratar-se-ia de outro crime capitulado no Código Penal).

Tratando-se de matéria penal, inúmeros requisitos têm de ser satisfeitos para que cada fato delituoso, por si só, possa ser plenamente enquadrado em cada infração penal capitulada no *Código de Defesa do Consumidor.*

Assim, não achamos conveniente *reescrever,* com linguagem popular, os artigos do CDC que tratam das infrações penais, pois, para fazê-lo com a precisão necessária, teríamos de examinar minuciosamente artigo por artigo, abordando vasta e complexa matéria correlata de direito penal, o que foge completamente à finalidade deste livro, que é a de descomplicar o Código.

Dessa forma, optamos por *transcrever* literalmente os arts. nºs 61 a 80 do CDC, onde estão citados os crimes contra as relações de consumo, pois a redação adotada pelo legislador é que prevalecerá na tipificação desses delitos.

Ademais, em qualquer escrito, uma simples palavrinha, um artigo definido ou indefinido, um pronome mal ou bem-colocado, uma expressão vaga podem mudar completamente o sentido da oração. Como as leis não admitem errata (onde se lê isso, leia-se aquilo), a redação do CDC deveria ter sido bem-*explicadinha*! Vejamos o que ele diz, limitando-nos a tecer, por alto, alguns comentários, com a única finalidade de alertar o legislador, para que, se assim julgar apropriado, ofereça outra redação mais precisa.

> Art. 61. Constituem crimes contra as relações de consumo previstas neste Código, sem prejuízo do disposto no Código Penal e leis especiais, as condutas tipificadas nos artigos seguintes.

Comentário

"Sem prejuízo (...) etc." significa que o fornecedor que cometer crime contra as relações de consumo, além de estar enquadrado nos crimes a seguir, também se enquadra, no que couber, em outras disposições do Código Penal e *leis especiais* (*leis especiais*: veja, por exemplo, no apêndice, a Lei nº 8.137).

Nota

O site do STJ nos dá conta, segundo decisão prolatada em 20/08/2010, que adulterar hodômetro de veículo caracteriza crime contra o consumidor, condenando dois sócios de uma empresa à pena de dois anos de detenção, no regime inicial aberto, pela venda de um automóvel com a quilometragem adulterada – ato que caracteriza a prática do crime de venda de mercadoria imprópria para o consumo, prevista no art. 7º, inciso IX, da Lei nº 8.137/1990 (http://bit.ly/9DEplQ) – Inciso IX: "IX – vender, ter em depósito para vender ou expor à venda ou, de qualquer forma, entregar matéria-prima ou mercadoria, em condições impróprias ao consumo.

Art. 62. (VETADO).

Art. 63. Omitir dizeres ou sinais ostensivos sobre nocividade ou periculosidade de produtos, nas embalagens, nos invólucros, recipientes ou publicidade:
Pena: Detenção de seis meses a dois anos e multa.
§1º: Incorrerá nas mesmas penas quem deixar de alertar, mediante recomendações escritas ostensivas, sobre a periculosidade do serviço a ser prestado.

Comentário

Recomendamos ao fornecedor de produtos perigosos exigir do consumidor recibo das recomendações que lhe forem entregues e o arquivar.

§ 2º: Se o crime é culposo:

Pena: Detenção de um a seis meses ou multa.

Comentário

Em linguagem bem popular, podemos dizer que os crimes, de modo geral, são dolosos ou culposos. São dolosos quando os seus autores os cometeram "de propósito". São culposos quando foram cometidos "sem querer".

Art. 64. Deixar de comunicar à autoridade competente e aos seus consumidores a nocividade ou periculosidade de produtos cujo conhecimento seja posterior à sua colocação no mercado:

Pena: Detenção de seis meses a dois anos e multa.

Parágrafo único: Incorrerá nas mesmas penas quem deixar de retirar do mercado, imediatamente quando determinado pela autoridade competente, os produtos nocivos ou perigosos, na forma deste artigo.

Comentário

O leitor deve estar lembrado do exemplo que demos do caso de uma partida de pneus que foi colocada no mercado com defeito de fabricação.

Art. 65. Executar serviço de alto grau de periculosidade, contrariando determinação de autoridade competente:

Pena: Detenção de seis meses a dois anos e multa.
Parágrafo único: As penas deste artigo são aplicáveis sem prejuízo das correspondentes à lesão corporal e à morte.

Comentário

Artigo impreciso, primeiro porque o CDC deveria ter definido o que é alto grau de periculosidade. Segundo porque muitos serviços perigosos são essenciais e nem por isso poderão deixar de ser executados.

Assim, o legislador teria sido mais preciso se houvesse escrito algo assim: "Executar, sem a observância de cuidados acaso disciplinados por autoridade pública competente, serviços que possam colocar em risco a segurança, a saúde ou a vida de terceiros."

Nota

Em recente decisão publicada no site do STJ em 31/08/2010, a Corte inocentou um médico que submeteu paciente à cirurgia plástica da qual decorreram danos estéticos em virtude do aparecimento de queloides (cicatrizes salientes e escuras) durante o processo de cicatrização. O profissional havia previamente submetido a paciente ao "termo de consentimento informado". Entendeu o tribunal que o médico não poderia prever o aparecimento desse tipo de cicatrizes. Foi caso fortuito que escapou ao controle da ciência médica.

Mas como popularmente se diz *que cada caso é um caso*, nem sempre a decisão da Justiça favoreceu o médico que realizou a cirurgia plástica. Assim ocorreu em um caso em que as cicatrizes dos cortes em cirurgia de mama ficaram horríveis e os seios assimétricos. O STJ decidiu, por maioria:

(...) que nas cirurgias plásticas para fins estéticos, é viável atribuir ao médico o dever de provar se utilizou ou não a melhor técnica ao operar o paciente. Se o profissional não conseguir provar sua perícia e não ocorrer prova de força maior ou caso fortuito, fica obrigado a indenizar moral e fisicamente o operado.

Art. 66. Fazer afirmação falsa ou enganosa, ou omitir informação relevante sobre a natureza, característica, qualidade, quantidade, segurança, desempenho, durabilidade, preço ou garantia de produtos ou serviços:

Pena: Detenção de três meses a um ano e multa.
§ 1º: Incorrerá nas mesmas penas quem patrocinar a oferta.
§ 2º: Se o crime é culposo:
Pena: Detenção de um a seis meses ou multa.

Comentário

São casos como o da bateria que só dura seis meses e do curso que ensina a falar inglês em um dia, exemplificados anteriormente.

Art. 67. Fazer ou promover publicidade que sabe ou deveria saber ser enganosa ou abusiva:

Pena: Detenção de três meses a um ano e multa.
Parágrafo único: (VETADO).

Art. 68. Fazer ou promover publicidade que sabe ou deveria saber ser capaz de induzir o consumidor a se comportar de forma prejudicial ou perigosa à sua saúde ou segurança:
Pena: Detenção de seis meses a dois anos e multa.
Parágrafo único: (VETADO).

Comentário

Essas duas últimas disposições não alcançam as agências de publicidade e os veículos de comunicação, porque cabe ao anunciante e não aos veículos a obrigação de provar a veracidade e a correção da informação ou da comunicação publicitária. Em recente decisão, o STJ isentou de responsabilidade jornal que publicou anúncio de terceiro oferecendo a venda de um veículo marca Audi. O anunciante recebeu do consumidor uma quantia a título de entrada dando por iniciada a transação e não cumpriu o prometido deixando de entregar o veículo. Em outras palavras, deu um golpe, iludiu o comprador de boa-fé.

Art. 69. Deixar de organizar dados fáticos, técnicos e científicos que dão base à publicidade:

Pena: Detenção de um a seis meses ou multa.

Comentário

Nada mais impróprio do que essa exigência, devido à universalidade, à generalidade. Que nos expliquem os legisladores de que meios os *anunciantes a seguir* poderão se valer para organizar tais dados (dados "fáticos" são aqueles relativos a fatos de que decorrem efeitos jurídicos)

Anunciante:	Serviço anunciado:
Maquilador	Depois de maquiá-la você ficará linda como uma *top model*.
Alfaiate	Ternos sob medida que o deixarão tão elegante quanto um lorde inglês.
Técnico em oratória	Você discursará tão bem nos comícios que será eleito.

Comentário

A lei obriga, coercitivamente, toda a sociedade.

Da forma como está enunciado, esse artigo obriga não somente pessoas jurídicas como todas as pessoas físicas que diariamente anunciam desfazendo-se de toda sorte de quinquilharias.

Se é assim, cabe a pergunta: como uma senhora, que deseja anunciar a venda de uma coleira contra pulgas, americana usada, organizará dados fáticos, técnicos e científicos que sustentem a publicidade, e mais, como será condenada se ela nem sabe o que são dados fáticos? Ou como pagará multa, se estava completamente sem dinheiro a ponto de ter de anunciar a venda de uma coleira usada?

Art. 70. Empregar, na reparação de produtos, peças ou componentes de reposição usados, sem autorização do consumidor:

Pena: Detenção de três meses a um ano e multa.

Art. 71. Utilizar, na cobrança de dívidas, de ameaça, coação, constrangimento físico ou moral, afirmações falsas, incorretas ou enganosas ou qualquer outro procedimento que exponha o consumidor, injustificadamente, a ridículo ou interfira com seu trabalho, descanso ou lazer:

Pena: Detenção de três meses a um ano e multa.

Art. 72. Impedir ou dificultar o acesso do consumidor às informações que sobre ele constem em cadastros, bancos de dados, fichas e registros:

Pena: Detenção de seis meses a um ano ou multa.

Art. 73. Deixar de corrigir imediatamente informação sobre consumidor constante de cadastro, banco de dados, fichas ou registros que sabe ou *deveria saber* ser inexata:

Pena: Detenção de um a seis meses ou multa.

Comentário

Não é a primeira vez que o autor depara com a expressão "deveria saber". Nem sempre parece-me própria devido a sua subjetividade intrínseca, porém admito que o legislador sabe o que faz.

Art. 74. Deixar de entregar ao consumidor o termo de garantia adequadamente preenchido e com especificação clara de seu conteúdo:

Pena: Detenção de um a seis meses ou multa.

Art. 75. Quem, de qualquer forma, concorrer para os crimes referidos neste Código, incide nas penas a esses cominadas na medida de sua culpabilidade, bem como o diretor, administrador ou gerente da pessoa jurídica que promover, permitir ou por qualquer modo aprovar o fornecimento, oferta, exposição à venda ou manutenção em depósito de produtos ou a oferta e prestação de serviços nas condições por ele proibidas.

Art. 76. São circunstâncias agravantes dos crimes tipificados neste Código:

I – serem cometidos em época de grave crise econômica ou por ocasião de calamidade;

II – ocasionarem grave dano individual ou coletivo;
III – dissimular-se a natureza ilícita do procedimento;
IV – quando cometidos:
a) por servidor público, ou por pessoa cuja condição econômico-social seja manifestamente superior à da vítima;
b) em detrimento de operário ou rurícola; de menor de 18 ou maior de 60 anos ou de pessoas portadoras de deficiência mental, interditadas ou não;
V – serem praticados em operações que envolvam alimentos, medicamentos ou quaisquer outros produtos ou serviços essenciais.

Nota

O aumento do número de reclamações que chegam aos órgãos de defesa do consumidor envolvendo aparelhos celulares levou os órgãos do Sistema Nacional de Defesa do Consumidor (SNDC) a firmarem, no dia 18/06/2010, em João Pessoa (PB), entendimento caracterizando os aparelhos celulares como produtos essenciais.

Com isso, em caso de defeito no aparelho, os consumidores podem passar a exigir de forma imediata a substituição do produto, a restituição dos valores pagos ou o abatimento do preço em um outro aparelho. A nova interpretação do Código de Defesa do Consumidor (CDC) faz parte de nota técnica elaborada pelo Departamento de Proteção e Defesa do Consumidor (DPDC) do Ministério da Justiça. Empresas que não cumprirem o novo entendimento do Sistema Nacional de Defesa do Consumidor estarão sujeitas a multas de até R$ 3 milhões e medidas judiciais cabíveis.

Art. 77. A pena pecuniária prevista nesta Seção será fixada em dias-multa, correspondente ao mínimo e ao máximo de dias de duração da pena privativa de liberdade cominada ao crime. Na individualização desta multa, o juiz observará o disposto no artigo 60, parágrafo 1º, do *Código Penal*. (*Código Penal*: http://bit.ly/JJ2D0).

Art. 78. Além das penas privativas de liberdade e de multa, podem ser impostas, cumulativa ou alternadamente, observado o disposto nos artigos 44 a 47, do Código Penal:
I – a interdição temporária de direitos;

II – a publicação em órgãos de comunicação de grande circulação ou audiência, às expensas do condenado, de notícia sobre os fatos e a condenação;
III – a prestação de serviços à comunidade.

Art. 79. O valor da fiança, nas infrações de que trata este Código, será fixado pelo juiz, ou pela autoridade que presidir o inquérito, entre cem e duzentas mil vezes o valor do Bônus do Tesouro Nacional (BTN), ou índice equivalente que venha substituí-lo.
Parágrafo único: Se assim recomendar a situação econômica do indiciado ou réu, a fiança poderá ser:
a) reduzida até a metade de seu valor mínimo;
b) aumentada pelo juiz até vinte vezes.

Art. 80. No processo penal atinente aos crimes previstos neste código, bem como a outros crimes e contravenções que envolvem relações de consumo, poderão intervir, como assistentes do Ministério Público, os legitimados indicados no artigo 82, incisos III e IV, aos quais também é facultado propor ação penal subsidiária, se a denúncia não for oferecida no prazo legal.

Comentário

Bem, os dispositivos acima foram transcritos do CDC, porém há outros (por exemplo, os da Lei nº 8.137, de 27/12/1990) (' ttp://bit.ly/cdgIt0), que também interessam aos nossos leitores. Essa lei definiu crimes contra a ordem tributária, econômica, e as relações de consumo.

O leitor encontrará no Apêndice a transcrição do art. 60 e dos arts. 47 a 48 do Código Penal, assim como a Lei nº 8.137/1990.

Nota

Ao tratar dos crimes previstos no CDC, criticamos, às vezes duramente, alguns artigos, assim como também fizemos diversos comentários. Já no que se refere à Lei nº 8.137/1990, não vemos necessidade de algum esclarecimento, porque todos os artigos parecem-nos suficientemente claros e precisos.

CAPÍTULO **17**

Outros Dispositivos que Regulam as Relações de Consumo

Outros Dispositivos

Além da legislação citada, consumidores e fornecedores deverão ter em conta que há outros dispositivos que regulam as relações de consumo.

Assim, o Governo Federal, através do Decreto nº 2.181, de 20/3/1997 (http://bit.ly/bVML7c), estabeleceu que pratica infração o consumidor que deixar de cumprir, no caso de fornecimento de produtos e serviços, o regime de preços tabelados, congelados, administrados, fixados ou controlados pelo Poder Público.

Dentre esses dispositivos, podemos citar o controle de preços de medicamentos que é tutelado pelas resoluções da Câmara e Regulamentação do Mercado de Medicamentos, o monitoramento dos combustíveis exercido pela Agência Nacional do Petróleo conjuntamente com a Promotoria de Justiça de Defesa do Consumidor, que tem efetuado a prisão de fraudadores em prol da qualidade do produto e da proteção dos direitos dos consumidores, a atuação do governo limitando o preço dos combustíveis comercializados pela Petrobras, e o controle dos preços das mensalidades escolares exercido pelo Ministério da Educação e Cultura.

A intervenção do Estado no domínio econômico também tem se feito notar, como nos referimos, ao assegurar concessão de passes livres nos transportes municipais e intermunicipais aos portadores de deficiências físicas, e de determinadas doenças. Essas concessões dependem de perícia médica e visam, sobretudo, a amparar o consumidor de baixa renda, alcançando, muitas vezes, os seus familiares, quando o portador das necessidades precisa de alguém que o acompanhe aos hospitais e postos de saúde.

O SAC – Serviço de Atendimento ao Consumidor

Qual de nós, caro leitor, não ficou aborrecido quando tentou um bom atendimento nos chamados SAC- Serviço de Atendimento ao Consumidor –, e se viu transferido de um atendente para outro ou sujeito a longas esperas, sem que a sua reclamação ou pedido de cancelamento de algum serviço merecesse qualquer apreço?

Pois bem, esse desrespeito ao consumidor está acabando, pouco a pouco, após a publicação do Decreto nº 6.523, de 31 de julho de 2008, que impôs normas mandatórias às empresas, determinando atendimento condizente com as boas regras de conduta que devem prevalecer na relação fornecedor / consumidor. Dentre elas, que podem ser lidas na íntegra no Apêndice desta obra ou acessando a página http://bit.ly/9TJpTn, destacamos:

1. O SAC garantirá ao consumidor, no primeiro menu eletrônico, as opções de contato com o atendente, de reclamação e de cancelamento de contratos e serviços. Isto é, você não terá de se sujeitar a ficar "dialogando" com uma gravação; poderá falar desde o início com uma pessoa real.

2. O acesso inicial ao atendente não será condicionado ao prévio fornecimento de dados pelo consumidor, ou seja, você não terá de informar o nome de seu pai, nem sua altura e peso, nem seu fator Rh... E o atendente terá de ser alguém que entenda do assunto, que fale claro, que não enrole e que seja cordial. E se o motivo da sua ligação é para reclamar ou cancelar algo, esse atendente tem a obrigação de encaminhar a questão no ato, isto é, não poderá transferi-la para a, b ou c.

3. O SAC estará disponível 24 horas durante os 365 dias.

4. O número do telefone do SAC deverá figurar em todos os papéis e materiais entregues pelo fornecedor, bem como no site da empresa.

5. Enquanto espera ser atendido, você não terá de ficar ouvindo gravação de propaganda. E se o motivo da ligação versar sobre cobrança de serviço não solicitado, ela deverá ser cancelada imediatamente, exceto se o fornecedor indicar o instrumento por meio do qual o serviço foi contratado e comprovar que o valor é efetivamente devido.

6. As informações solicitadas pelo consumidor serão prestadas imediatamente e suas reclamações, resolvidas no prazo máximo de 5 dias úteis a contar do registro.

7. Os efeitos do cancelamento serão imediatos à solicitação do consumidor, ainda que seu processamento técnico necessite de prazo. O cancelamento também não depende de pagamento de alguma quantia atrasada.

8. O comprovante do pedido de cancelamento será expedido por correspondência ou por meio eletrônico, a critério do consumidor.

9. A empresa cujo serviço de SAC violar as regras acima, bem como aqueles que o leitor encontra no Apêndice desta obra ou acessando a página http://bit.ly/9TJpTn, poderá sofrer sanções que variam da imposição de multas à interdição total ou parcial, de estabelecimento, de obra ou de atividade.

A Defesa do Consumidor na Justiça

Os arts. 81 a 104 do Código disciplinam os procedimentos que devem ser adotados para a defesa dos interesses e direitos do consumidor na justiça.

Esses artigos foram escritos em linguagem muito complicada, porém não vale a pena descomplicá-la explanando o que significam, porque seu pleno entendimento interessa mais a advogados, promotores, defensores e juízes, que são as pessoas que vão lidar com o processo.

Aos consumidores e a outros reclamantes importa saber que poderão ingressar na Justiça quando entenderem que estão sendo prejudicados pelo fornecedor nos seus legítimos direitos e interesses.

NOTA

Na maioria dos casos, compete ao Juízo de domicílio do consumidor apreciar infrações ao CDC, entretanto, na hipótese de ter sido pactuado diferente em contrato de adesão, o magistrado, se considerar que a localização do Juízo acordado efetivamente inviabiliza ou dificulta a defesa judicial da parte hipossuficiente, tem o poder-dever de anular a cláusula abusiva, e declarar competente o Juízo em que reside o consumidor.

Mas todas as desavenças entre consumidores e fornecedores devem ser submetidas à apreciação judicial?

É claro que não.

Inicialmente, o consumidor deve procurar resolver o assunto diretamente com o fornecedor. Se não for bem-sucedido, então o caminho é recorrer ao Procon ou à Justiça.

Mas preste bastante atenção para a seguinte hipótese: a Dra. Cláudia Regina comprou um produto e, ao chegar em casa, verificou que, devido a defeito de projeto (ou falha nas instruções para seu uso), sua utilização pode ocasionar sério risco ao consumidor.

Nesse caso, ela não poderá se limitar a reclamar ao fornecedor, nem mesmo receber dele seu dinheiro de volta ou trocá-lo por outro modelo de produto.

Sua obrigação vai mais além, afinal ela é uma consumidora-cidadã; outras pessoas poderão ser vitimadas se usarem o produto.

Assim, deverá, imediatamente, procurar a autoridade competente e denunciar, de preferência por escrito, o perigo descoberto.

Mas quem é a "autoridade competente"?

Varia conforme o caso, porém, sem dúvida, ela terá cumprido bem a sua obrigação se denunciá-lo à Promotoria de Justiça (Ministério Público) ou, se em sua cidade ela não encontrar ou não existir tal órgão, recorrer ao delegado de polícia, insistindo para que tome providências imediatas.

Quando não se tratar da hipótese acima (iminente perigo à vida ou à saúde de outra pessoa), o primeiro passo que o consumidor deve dar, se não houver chegado a acordo com o fornecedor — e antes de entrar com ação na Justiça —, é procurar algum órgão governamental, ou associação, que tenha entre suas finalidades a defesa do consumidor, como o Procon.

Tais órgãos ou entidades contam com assessoria especializada no trato desses assuntos, sendo, portanto, os mais indicados para auxiliar o consumidor insatisfeito.

Em resumo (contemplando ainda outras hipóteses), para a proteção imediata de seus interesses, recomendamos que o consumidor percorra o seguinte caminho:

1. Se o produto ou serviço contiver defeito de projeto (ou falha nas instruções para seu uso, ou qualquer outra que o consumidor julgue que possa também estar ocorrendo em produto ou serviço idêntico) capaz de colocar em risco a sua saúde ou a de outros consumidores:

  a. informe a descoberta à Promotoria de Justiça ou ao delegado de polícia, imediatamente, de preferência por escrito;
  b. informe o fato a órgão ou associação de defesa do consumidor;
  c. procure o fornecedor e tente, com base nos direitos que o CDC confere aos consumidores, chegar a acordo.

2. Se o produto ou serviço defeituoso (não enquadrado na hipótese 1 acima) causou mal à saúde do consumidor:

  a. procure o fornecedor e tente, com base nos direitos que o CDC confere aos consumidores, receber indenização para reparação do dano;
  b. obtendo ou não sucesso com o fornecedor, informe o fato a órgão, ou associação de defesa do consumidor, ou à Promotoria de Justiça;

c. se não for bem-sucedido com o fornecedor, procure o auxílio de órgão, associação de defesa do consumidor ou de Promotoria de Justiça;

3. Se o produto ou serviço estiver simplesmente defeituoso, isto é, se não estiver enquadrado nas hipóteses 1 e 2 acima:

a. procure o fornecedor e tente, com base nos direitos que o CDC confere aos consumidores, chegar a acordo;

b. se não obtiver sucesso, procure o auxílio de órgão, associação de defesa do consumidor ou de Promotoria de Justiça.

4. Se cláusula contratual contrariar o que está disposto no CDC ou, de qualquer forma, não assegurar justo equilíbrio entre direitos e obrigações que cabem tanto ao consumidor como ao fornecedor:

a. procure chegar a acordo com o fornecedor para anular ou modificar a cláusula;

b. se não obtiver sucesso, procure auxílio de órgão, associação de defesa do consumidor ou de Promotoria de Justiça.

5. Se o leitor tomar conhecimento de alguma prática comercial ou publicidade que contrarie o que está previsto no CDC, pode e deve comunicar o fato a órgão ou associação de defesa do consumidor ou à Promotoria de Justiça.

A Lei nº 7.347, de 24/07/1985 (http://bit.ly/a5VZi6), alterada pela Lei nº 8.078, de 11/9/1990-CDC (http://bit.ly/cfCoVU) e pela MP nº 204, de 2/8/1990, disciplina a ação civil pública de responsabilidade por danos causados ao meio ambiente, ao consumidor, a bens e direitos de valor artístico, estético, histórico, turístico e paisagístico, e dá outras providências.

Tratando-se de assunto que interessa mais a advogados, promotores, juízes e a órgãos de defesa do consumidor, não será abordado neste livro, podendo os interessados obter exemplar dessa lei acessando a página http://bit.ly/d5taXK.

CAPÍTULO **18**

O Sistema Nacional de Defesa do Consumidor

O Sistema Nacional de Defesa do Consumidor

Diversos órgãos fazem parte do Sistema Nacional de Defesa do Consumidor (SNDC) (http://bit.ly/bVML7c). Na linguagem administrativa, sistema significa um conjunto de atividades, portanto não existe um órgão chamado SNDC, o que há é um órgão principal, um órgão "cabeça" do sistema.

No caso do SNDC, esse órgão é o Departamento de Proteção e Defesa do Consumidor (DPDC), do Ministério da Justiça, em Brasília, a quem cabe a coordenação da política do Sistema Nacional de Defesa do Consumidor, tendo como atribuições:

I – planejar, elaborar, propor, coordenar e executar a política nacional de proteção e defesa do consumidor;

II – receber, analisar, avaliar e apurar consultas e denúncias apresentadas por entidades representativas ou pessoas jurídicas de direito público ou privado ou por consumidores individuais;

III – prestar aos consumidores orientação permanente sobre seus direitos e garantias;

IV – informar, conscientizar e motivar o consumidor, por intermédio dos diferentes meios de comunicação;

V – solicitar à polícia judiciária a instauração de inquérito para apuração de delito contra o consumidor, nos termos da legislação vigente;

VI – representar ao Ministério Público competente, para fins de adoção de medidas processuais, penais e civis, no âmbito de suas atribuições;

VII – levar ao conhecimento dos órgãos competentes as infrações de ordem administrativa que violarem os interesses difusos, coletivos ou individuais dos consumidores;

VIII – solicitar o concurso de órgãos e entidades da União, dos Estados, do Distrito Federal e dos Municípios, bem como auxiliar na fiscalização de preços, abastecimento, quantidade e segurança de produtos e serviços;

IX – incentivar, inclusive com recursos financeiros e outros programas especiais, a criação de órgãos públicos estaduais e municipais de defesa do consumidor e a formação, pelos cidadãos, de entidades com esse mesmo objetivo;

X – fiscalizar e aplicar as sanções administrativas previstas na Lei nº 8.078, de 1990, e em outras normas pertinentes à defesa do consumidor;

XI – solicitar o concurso de órgãos e entidades de notória especialização técnico-científica para a consecução de seus objetivos;

XII – provocar a Secretaria de Direito Econômico para celebrar convênios e termos de ajustamento de conduta, na forma do § 6º do art. 5º da Lei nº 7.347, de 24 de julho de 1985;

XIII – elaborar e divulgar o cadastro nacional de reclamações fundamentadas contra fornecedores de produtos e serviços, a que se refere o art. 44 da Lei nº 8.078, de 1990;

XIV – desenvolver outras atividades compatíveis com suas finalidades.

A julgar pelo que vem sendo noticiado na imprensa, e pelo que consta no site do DPDC, este departamento é bastante atuante. Sugerimos que o leitor acesse a página http://bit.ly/beYnqG para conferir.

Na página http://portal.mj.gov.br/SindecNacional/reclamacao.html há uma quantidade muito grande de reclamações, sendo inviável transcrevê-las nesta obra. A nota a seguir foi transcrita dessa página.

Nota

"O atual cadastro nacional abrange o período de 01/09/2008 a 31/08/2009 e contém os registros das reclamações fundamentadas dos estados do Acre, Alagoas, Amapá, Amazonas, Bahia, Ceará, Distrito Federal, Espírito Santo, Goiás, Maranhão, Minas Gerais, Mato Grosso, Mato Grosso do Sul, Pará, Paraíba, Pernambuco, Piauí, Rio de Janeiro, Rio Grande do Norte, Santa Catarina, Sergipe e Tocantins.

Os consumidores podem fazer a pesquisa com base nos dados nacionais, regionais, estaduais ou mesmo diretamente nos registros dos Procons de seu estado ou município.

Integram o cadastro as demandas dos consumidores registradas como reclamação e que, após análise técnica pelos órgãos públicos de defesa do consumidor, foram consideradas fundamentadas. O cadastro informa, ainda, se as reclamações foram ou não atendidas pelos fornecedores.

A divulgação deste cadastro, ao mesmo tempo em que cumpre expressa disposição do Código de Defesa do Consumidor, reforça a cultura da prevenção e permite a promoção de políticas públicas para a defesa do consumidor. O acesso ao cadastro assegura aos consumidores a possibilidade de melhor escolherem seus fornecedores, servindo de incentivo para o aperfeiçoamento de todos os produtos e serviços colocados no mercado de consumo.

Acessando a página eletrônica "SAC" do Sindec — Sistema Nacional de Defesa do Consumidor (http://bit.ly/cH8D1N) e em seguida clicando no link "AQUI", o consumidor insatisfeito poderá oferecer reclamações sobre violação dos seus direitos relativos a:

1. Banco Comercial
2. Plano de Saúde
3. Transporte Aéreo
4. Cartão de Crédito
5. Seguradoras
6. Transporte Terrestre
7. Energia Elétrica
8. Telefonia Celular
9. TV por Assinatura
10. Financeiras, e
11. Telefonia Fixa

Também poderá se dirigir aos órgãos federais, estaduais (incluindo o Distrito Federal) e municipais, assim como a entidades particulares de defesa do consumidor.

Um deles é o Programa Estadual de Orientação e Proteção ao Consumidor (Procon), subordinado à Secretaria de Justiça do Ministério da Justiça.

Na página http://bit.ly/bNW87H, do SITAPRO, do DPDC do Ministério da Justiça, o leitor terá acesso aos dados de 826 entidades de Defesa do Consumidor:

5. Comissões Estaduais de Defesa dos Consumidores
9. Agências Reguladoras
11. Outros órgãos e instituições voltados para a DC
12. Procons Municipais de capitais estaduais
16. Comissões Estaduais da OAB

19. Delegacias Policiais de Defesa do Consumidor
26. Entidades Civis
27. Defensorias Públicas Estaduais
27. Secretarias Estaduais de Segurança
28. Procons Estaduais
40. Promotorias de Justiça de DC
606. Procons Municipais

Para exemplificar, no Rio de Janeiro funciona o Núcleo de Defesa do Consumidor da Procuradoria-Geral da Justiça (http://bit.ly/bF87gL) e a Secretaria de Estado do Consumidor (http://bit.ly/dru2nn) que coordena 18 postos avançados de Procons estaduais *on line*.

Ainda no Rio de Janeiro funciona a ADCON – Associação Brasileira de Defesa do Consumidor, da Vida e dos Direitos Civis (http://www.adcon.org.br/index.htm)

Na página http://bit.ly/cLbpNI, o leitor encontrará uma relação de diversas entidades voltadas para a defesa do consumidor.

Em São Paulo, há o IDEC (Instituto de Defesa do Consumidor) (http://www.idec.org.br/).

Questão consolidada na jurisprudência do STJ está relacionada à legitimidade do IDEC para propor ação coletiva em defesa dos direitos dos consorciados. O IDEC é muito atuante.

Ainda em São Paulo temos a Secretaria Estadual de Defesa do Consumidor.

Também cumpre assinalar a existência da Pro Teste – Associação Brasileira de Defesa do Consumidor, que conta com mais de 200.000 associados. Vale a pena acessá-la: www.proteste.org.br.

O STJ decidiu que o art. 82, inciso IV, do CDC, estabelece que estão legitimadas para propor ação coletiva as associações legalmente constituídas há pelo menos um ano e que incluam entre os seus fins institucionais a defesa dos interesses e direitos protegidos pelo CDC.

A Corte também decidiu que o Procon pode aplicar multas pelo descumprimento da lei de consumo no que diz respeito às telecomunicações, até então prerrogativa da Agência Nacional de Telecomunicações (Anatel).

Desobediência

Convém assinalar que a recusa à prestação das informações ou o desrespeito às determinações e convocações dos órgãos do SNDC caracterizam desobediência, na forma do art. 330 do Código Penal (http://bit.ly/JJ2D0) – desobedecer a ordem legal de funcionário público, sujeitando-se à pena de detenção, de 15 dias a seis meses, e multa — ficando a autoridade administrativa com poderes para determinar a imediata cessação da prática, além da imposição das sanções administrativas e civis cabíveis. Como os Procons integram o SNDC, os consumidores e fornecedores que não atenderem às suas determinações, convocações e à prestação de informações poderão padecer de penitências.

Empresa de telefonia recorreu ao STJ, alegando que o Procon não seria competente para multá-la por descumprimento de prazo fixado de 10 dias para a instalação de uma linha telefônica. Mas o ministro relator disse em seu voto que sempre que condutas irregulares das empresas atingirem o interesse do consumidor, é legítima a atuação do Procon para aplicar a lei.

Conmetro, Inmetro, Comissões, IPEM, Promotorias e Juizados

Ainda quanto à legalidade, o STJ decidiu que, com o objetivo de regulamentar a qualidade industrial e a conformidade de produtos colocados no mercado de consumo, seja porque esses órgãos são dotados da competência legal atribuída pelas Leis nº 5.966/1973 e nº 9.933/1999, seja porque seus atos tratam de interesse público e agregam proteção aos consumidores finais, o Conmetro (http://bit.ly/bFaMqf) e o Inmetro (http://bit.ly/az5lxR) têm capacidade para aplicar sanções aos infratores.

No Rio, temos as Comissões de Defesa do Consumidor da Câmara dos Vereadores (http://www.camara.rj.gov.br/) e da Assembleia Legislativa.

Em outros estados e municípios foram criados órgãos e entidades semelhantes.

Nos estados, para reclamação relativa à metrologia e quantidade, temos os Institutos de Pesos e Medidas (Ipem). Vale a pena o leitor acessá-los através da internet e verificar o importante papel que desempenham em benefício do consumidor:

— Ipem do Amapá (http://bit.ly/9vERBl)
— Ipem do Amazonas (http://bit.ly/aNBCYo)
— Ipem do Espírito Santo (http://bit.ly/bc0Z3l)
— Ipem de Minas Gerais (http://bit.ly/avMcVC)
— Ipem do Paraná (http://bit.ly/bErrgD)
— Ipem de Pernambuco (http://bit.ly/9dp4mU)
— Ipem do Rio Grande do Norte (http://bit.ly/aMCPrm)
— Ipem do Rio de Janeiro (http://bit.ly/dpjGDx)
— Ipem de São Paulo (http://bit.ly/ctfsa9)

No CDC está previsto que, no âmbito do Ministério Público, serão instituídas promotorias de Justiça de defesa do consumidor e que serão criadas delegacias de polícia especializadas no atendimento a consumidores vítimas de infrações penais de consumo. Em São Paulo há o Departamento Estadual de Polícia do Consumidor (Decon) e curadorias especializadas em cada comarca (http://bit.ly/cLbpNI).

Também há Juizados Especiais de Pequenas Causas e Varas Especializadas para a solução de litígios de consumo.

É importante ressaltar que, ao consumidor carente, o CDC assegura *assistência jurídica, integral e gratuita.*

Pois bem, cabe ao consumidor procurar esses órgãos e entidades para oferecer sugestões, intermediar denúncias, representá-lo na Justiça e intervir junto a fornecedor.

A Convenção Coletiva de Consumo

Entidades civis de consumidores poderão estabelecer, com associações de fornecedores ou sindicatos de categoria econômica, convenções para regular relação de consumo, devendo registrar tal acordo em cartório de títulos e documentos, ressaltando-se que o fornecedor que se desligar de associação ou sindicato, em data posterior ao registro do documento, continuará obrigado a cumprir o compromisso assumido.

CAPÍTULO **19**

Consultas

Consumidores e fornecedores interessados em consultar a legislação, as decisões judiciais e as normas baixadas pelo Governo Federal que cuidam das relações de consumo publicadas nas últimas décadas poderão obter copiosas informações acessando:

1 – O portal da Presidência da República: http://www.presidencia.gov.br/legislacao/.

2 – O site do Superior Tribunal de Justiça: http://bit.ly/lk8cY.

3 – O Sistema Nacional de Defesa do Consumidor e o Departamento de Proteção e Defesa do Consumidor (http://bit.ly/bngDl2) onde obterão, dentre inúmeras informações valiosas, uma importante notícia, datada de 31/08/2010 (bit.ly/dkmFqO), dando conta de que o governo enviará ao Congresso, até o fim do ano de 2010, dois projetos de lei para fortalecer a defesa do consumidor. Um desses projetos dará força executiva às decisões dos Procons, o que diminuirá o tempo de litígio. Além da aplicação de multas, os Procons poderão estabelecer medidas corretivas aos fornecedores que descumpram, objetivamente, os direitos dos consumidores. O projeto assegurará ainda que as audiências administrativas realizadas nos Procons também tenham efeitos sobre procedimentos instaurados no âmbito do Juizado Especial Cível. O outro projeto assegurará a aplicação de multas civis pelo Judiciário em casos de demandas repetitivas e de grave lesão aos consumidores, ainda que a ação tenha sido provocada individualmente. Segundo o DPDC, embora a produção e a prestação de serviços sejam massificadas, os mecanismos judiciais frequentemente utilizados ainda possuem uma dimensão individualizada dos conflitos.

Internet

Outra notícia importante diz respeito às transações efetuadas pela internet, assegurando o exercício efetivo do direito de arrependimento, já previsto no art. 49 do CDC. Segundo os órgãos que compõem o SNDC, o consumidor pode desistir dos contratos firmados no comércio eletrônico sem justificar o motivo e sem geração de custos. Cabe aos fornecedores disponibilizar meios eficientes para o cumprimento deste direito. O documento também prevê a proteção contra práticas abusivas e acesso prévio do consumidor às condições gerais de contratação. "Confiança é a palavra-chave na dinâmica entre empresa e consumidor. O desenvolvimento econômico e as novas tecnologias não podem ser empecilho para a transparência necessária em qualquer relação comercial." A secretária de Direito Econômico do Ministério da Justiça concluiu, com precisão, que "O consumidor pode ficar muito mais vulnerável nas transações comerciais realizadas em ambiente virtual. Um contrato não pode gerar dúvidas e só deve ser confirmado com total consentimento das partes".

DNDC e Anvisa

O SNDC tem se mostrado, na defesa e proteção do consumidor, atuante nas mais distintas áreas. Assim é que, na página http://bit.ly/aRMMaF podemos ler:

> "Como ação do trabalho integrado entre Departamento Nacional de Defesa do Consumidor (DPDC/SDE/MJ) e a Ouvidoria da Anvisa, lançamos uma publicação eletrônica mensal de educação sanitária e cidadã. Trata-se do informativo Consumo e Saúde que aborda um tema relevante por edição, esclarecendo a diferença entre as irregularidades e a exigência legal.
>
> O objetivo é contribuir para o fortalecimento da consciência social e favorecer a divulgação dos direitos da população, estimulando uma postura crítica do consumidor. Desta forma, DPDC e a Anvisa realizam um trabalho de prevenção, educação e formação, prestando um serviço de utilidade pública: O Consumo e Saúde ficará disponível também no endereço: http://bit.ly/aRMMaF

1 — Edição nº 19, de 19/06/2010 — **Medicamento verdadeiro — fique atento**
O usuário é um importante aliado no combate à falsificação, ao contrabando e ao comércio irregular de medicamentos, devendo recusar na hora da compra o produto ilegal e denunciar o problema para a vigilância sanitária mais próxima.

2 – Edição nº 18, de 27/05/2010 – **Uso do cigarro durante gravidez**
Gênero e tabaco com uma ênfase no marketing para mulheres. Essa campanha propõe informar e alertar sobre as ações e estratégias que são utilizadas pela indústria do tabaco para alcançar o público feminino.

3 – Edição nº 17, de 11/05/2010 – **Produtos para tatuagem: regras em vigor**
Uma tatuagem malfeita pode causar problemas à saúde como alergias, infecções e intoxicações. Para dar mais segurança a este procedimento, a Anvisa tornou obrigatório o registro dos produtos, acessórios, aparelhos e agulhas.

4 – Edição nº 16, de 16/03/2010 – **Universo dos cosméticos**
Cuidados na compra de produtos de higiene pessoal, cosméticos e perfumes.

5 – Edição nº 15, de 15/02/2010 – **Preservativos: uma questão de segurança**
Informação sobre os cuidados preventivos que se deve ter no que se refere à gravidez precoce e doenças sexualmente transmissíveis.

6 – Edição nº 14, de 22/01/2010 – **Verão mais seguro: orientações sobre protetor solar**
Orientações na compra e uso de protetores solares

7 – Edição nº 13, de 13/12/2009 – **Boas Práticas para Serviços de Alimentação**
Dicas para melhor aproveitar o seu final de ano.
A Resolução de Diretoria Colegiada – RDC nº 216/04 da Anvisa estabelece as Boas Práticas para Serviços de Alimentação, incluindo padarias, cantinas, lanchonetes, bufês, confeitarias, restaurantes, comissarias, cozinhas industriais e cozinhas institucionais.

8 – Edição nº 12, de 12/11/2009 – **Produtos de Limpeza: diga não aos clandestinos**
É cada vez maior o número de apreensões de produtos de limpeza (saneantes) que vêm sendo fabricados e comercializados de forma irregular. Esses são chamados de clandestinos ou piratas, e são feitos fora das normas e padrões sanitários exigidos pela Anvisa.

9 – Edição nº 11, de 08/09/2009 – **Farmácia: local de promoção à saúde**
As drogarias e farmácias têm seis meses para se adaptarem às novas regras de comercialização. O Ministério da Justiça e a Agência Nacional de Vigilância Sanitária pretendem melhorar o atendimento ao consumidor nesses locais.

10 – Edição nº 10, de 14/08/2009 – **Pirataria de medicamentos: dicas para o consumidor se prevenir**
Mais de 170 toneladas de medicamentos produzidos e comercializados de forma ilegal foram apreendidas nos três primeiros meses do ano, no Brasil. A máfia dos medicamentos falsos engana pessoas doentes e causa prejuízos sérios à saúde, além de movimentar anualmente um valor estimado de US$ 4 bilhões.

11 – Edição nº 9, de 03/07/2009 – **Férias: orientação aos viajantes**
De acordo com o Ministério da Saúde (MS), crianças menores de 2 anos de idade, idosos (acima de 60 anos), gestantes, pessoas com câncer, Aids, diabetes, cardiopatia, doença pulmonar ou renal crônica e em uso regular de corticosteroides fazem parte grupo mais vulnerável à Influenza A e apresentam maior risco de desenvolver as formas graves da doença. Por isso, o Ministério da Saúde recomenda que esse grupo adie viagens para países com transmissão sustentada, como Chile, Argentina, Estados Unidos (EUA), Canadá, México e Austrália no período de férias escolares.

12 – Edição nº 8, de 17/06/2009 – **Falsificação de medicamentos**
Os criminosos expõem os consumidores a inúmeros riscos como a ausência do efeito esperado, tratamento inadequado, intoxicação e até a morte. Isso porque não se conhece a origem, a composição e as condições de fabricação, distribuição e armazenagem do medicamento.

13 – Edição nº 7, de 31/05/2009 – **Dia Mundial sem Tabaco**
O tema do Dia Mundial sem Tabaco de 2009, dia 31 de maio, escolhido pela Organização Mundial da Saúde (OMS) é "Mostre a verdade – Advertências Sanitárias salvam vidas".

14 – Edição nº 6, de 09/04/2009 – **Páscoa**
Na Semana Santa, o consumo de pescado aumenta e, por ser perecível, é necessário adotar alguns cuidados na compra desse produto para não comprometer a saúde.

15 – Edição nº 5, de 06/03/2009 – **Cuidado com alisantes**
Alguns salões de beleza do país têm adicionado ilegalmente o formol e o glutaraldeído em produtos, expondo o consumidor a inúmeros riscos.

16 – Edição nº 4, de 20/02/2009 – **Carnaval Seguro**
Intoxicação com espumas de salão e uso de preservativos irregulares.

17 – Edição nº 3, de 01/12/2008 – **Festas de Fim de Ano**
Intoxicação alimentar por ingerir produtos impróprios para o consumo devido a sua contaminação.

18 – Edição nº 2, de 01/10/2008 – **Cosméticos Infantis**
Alto índice de toxicidade em brilhos labiais, batons, fixadores de cabelos.

19 – Edição nº 1, de 01/09/2008 – **Publicidade Enganosa**
Comparação de alimentos a medicamentos, ex.: produto que contém quisotama!

O DPDC também tem se mostrado muito ativo na fiscalização de embalagens maquiadas, com as quais fornecedores procuram enganar os consumidores reduzindo as quantidades dos produtos.

Sindec

Faz parte do SNDC o Sistema Nacional de Informações de Defesa do Consumidor (Sindec) (http://bit.ly/ckP8Ng), programa que integra em rede as ações e informações da Defesa do Consumidor. Representa o trabalho do Coordenador do Sistema Nacional de Defesa do Consumidor e dos Procons integrados, e forma um todo harmônico para a proteção estratégica e qualificada dos consumidores do nosso país.

OUTRAS NORMAS CONTENDO MANIFESTA UTILIDADE PÚBLICA

1 – *A Lei 10.048, de 8 de novembro de 2000, que concede atendimento prioritário às pessoas com deficiência física, idosos, gestantes, lactantes e acompanhadas por crianças de colo (consta no apêndice desta obra).*

2 – *O Decreto Federal nº 5.296, de 2 de dezembro de 2004, que além de regulamentar a Lei que concede atendimento prioritário, dispõe, minuciosamente,*

sobre normas de acessibilidade às pessoas com deficiência física. Um exemplo da sua aplicação pode ser verificado nas estações do metrô da cidade do Rio de Janeiro, onde estão assentados pisos podotateis destinados a orientar os passos de deficientes visuais. Vale a pena lê-lo na íntegra. O leitor pode acessá-lo na página http://bit.ly/a0S8iV

3 — A Medida Provisória 2.172-32, de 23 de agosto de 2001, que "estabelece a nulidade de disposições contratuais que menciona e inverte, nas hipóteses que prevê, o ônus da prova nas ações intentadas para sua declaração". Poderá ser acessada na página http://bit.ly/cl4px0

4 — A Lei 10.603, de 17 de dezembro de 2002, que regula "a proteção, contra o uso comercial desleal, de informações relativas aos resultados de testes ou outros dados não divulgados apresentados às autoridades competentes como condição para aprovar ou manter o registro para a comercialização de produtos farmacêuticos de uso veterinário, fertilizantes, agrotóxicos seus componentes e afins." Poderá ser acessada na página http://bit.ly/dm9KHS

5 — O Decreto 4.680, de 24 de abril de 2003, que "regulamenta o direito à informação, assegurado pela Lei nº 8.078, de 11 de setembro de 1990, quanto aos alimentos e ingredientes alimentares destinados ao consumo humano ou animal que contenham ou sejam produzidos a partir de organismos geneticamente modificados, sem prejuízo do cumprimento das demais normas aplicáveis." Veja na página http://bit.ly/95GtHT

6 — O Decreto 5.903, de 20 de setembro de 2006, que dispõe sobre as práticas infracionais que atentam contra o direito básico do consumidor de obter informação adequada e clara sobre produtos e serviços, previstas no Código de Defesa do Consumidor. Acesse a página http://bit.ly/aNSM9A

7 — A Lei 11.762, de 1 de agosto de 2008, que "fixa o limite máximo de chumbo permitido na fabricação de tintas imobiliárias e de uso infantil e escolar, vernizes e materiais similares". Veja na página http://bit.ly/b1ykPE

8 — A Lei 11.975, de 7 de julho de 2009, que "dispõe sobre a validade dos bilhetes de passagem no transporte coletivo rodoviário de passageiros." Consta na página http://bit.ly/b7yvdd

9 — Além dessas normas, o consumidor poderá consultar inúmeras decisões judiciais acessando o site do Superior Tribunal de Justiça-STJ (www.stj.gov.br).

Palavras Finais

O autor ressalta que o Código de Defesa do Consumidor constitui largo e audacioso passo no sentido do aprimoramento das nossas relações de consumo. Merecem elogios aqueles que o elaboraram, o instituíram e o aprimoraram. Devemos nos orgulhar de possuir legislação tão adiantada. Devemos cumpri-la e exigir que seja respeitada.

APÊNDICES

Código de Defesa do Consumidor – CDC
(http://bit.ly/cfCoVU)

Lei nº 8.078, de 11 de Setembro de 1990

O PRESIDENTE DA REPÚBLICA, faço saber que o Congresso Nacional decreta e eu sanciono a seguinte lei:

TÍTULO I
Dos Direitos do Consumidor

Capítulo I
Disposições Gerais

Art. 1º O presente código estabelece normas de proteção e defesa do consumidor, de ordem pública e interesse social, nos termos dos arts. 5º, inciso XXXII, 170, inciso V, da Constituição Federal e art. 48 de suas Disposições Transitórias.

Art. 2º Consumidor é toda pessoa física ou jurídica que adquire ou utiliza produto ou serviço como destinatário final.

Parágrafo único. Equipara-se a consumidor a coletividade de pessoas, ainda que indetermináveis, que haja intervindo nas relações de consumo.

Art. 3º Fornecedor é toda pessoa física ou jurídica, pública ou privada, nacional ou estrangeira, bem como os entes despersonalizados, que desenvolvem atividade de produção, montagem, criação, construção, transformação, importação, exportação, distribuição ou comercialização de produtos ou prestação de serviços.

§ 1º Produto é qualquer bem, móvel ou imóvel, material ou imaterial.

§ 2º Serviço é qualquer atividade fornecida no mercado de consumo, mediante remuneração, inclusive as de natureza bancária, financeira, de crédito e securitária, salvo as decorrentes das relações de caráter trabalhista.

Capítulo II
Da Política Nacional de Relações de Consumo

Art. 4º A Política Nacional das Relações de Consumo tem por objetivo o atendimento das necessidades dos consumidores, o respeito à sua dignidade, saúde e segurança, a proteção de seus interesses econômicos, a melhoria da sua qualidade de vida, bem como a transparência e harmonia das relações de consumo, atendidos os seguintes princípios: (Redação dada pela Lei nº 9.008, de 21/03/1995)

I – reconhecimento da vulnerabilidade do consumidor no mercado de consumo;

II – ação governamental no sentido de proteger efetivamente o consumidor:
  a) por iniciativa direta;
  b) por incentivos à criação e desenvolvimento de associações representativas;
  c) pela presença do Estado no mercado de consumo;
  d) pela garantia dos produtos e serviços com padrões adequados de qualidade, segurança, durabilidade e desempenho.

III – harmonização dos interesses dos participantes das relações de consumo e compatibilização da proteção do consumidor com a necessidade de desenvolvimento econômico e tecnológico, de modo a viabilizar os princípios nos quais se funda a ordem econômica (art. 170, da Constituição Federal), sempre com base na boa-fé e equilíbrio nas relações entre consumidores e fornecedores;

IV – educação e informação de fornecedores e consumidores, quanto aos seus direitos e deveres, com vistas à melhoria do mercado de consumo;

V – incentivo à criação pelos fornecedores de meios eficientes de controle de qualidade e segurança de produtos e serviços, assim como de mecanismos alternativos de solução de conflitos de consumo;

VI – coibição e repressão eficientes de todos os abusos praticados no mercado de consumo, inclusive a concorrência desleal e utilização indevida de inventos e criações industriais das marcas e nomes comerciais e signos distintivos, que possam causar prejuízos aos consumidores;

VIII — racionalização e melhoria dos serviços públicos;
VIII — estudo constante das modificações do mercado de consumo.

Art. 5º Para a execução da Política Nacional das Relações de Consumo, contará o poder público com os seguintes instrumentos, entre outros:

    I — manutenção de assistência jurídica, integral e gratuita para o consumidor carente;

    II — instituição de Promotorias de Justiça de Defesa do Consumidor, no âmbito do Ministério Público;

    III — criação de delegacias de polícia especializadas no atendimento de consumidores vítimas de infrações penais de consumo;

    IV — criação de Juizados Especiais de Pequenas Causas e Varas Especializadas para a solução de litígios de consumo;

    V — concessão de estímulos à criação e desenvolvimento das Associações de Defesa do Consumidor.

§ 1º (Vetado).

§ 2º (Vetado).

Capítulo III
Dos Direitos Básicos do Consumidor

Art. 6º São direitos básicos do consumidor:

    I — a proteção da vida, saúde e segurança contra os riscos provocados por práticas no fornecimento de produtos e serviços considerados perigosos ou nocivos;

    II — a educação e divulgação sobre o consumo adequado dos produtos e serviços, asseguradas a liberdade de escolha e a igualdade nas contratações;

    III — a informação adequada e clara sobre os diferentes produtos e serviços, com especificação correta de quantidade, características, composição, qualidade e preço, bem como sobre os riscos que apresentem;

    IV — a proteção contra a publicidade enganosa e abusiva, métodos comerciais coercitivos ou desleais, bem como contra práticas e cláusulas abusivas ou impostas no fornecimento de produtos e serviços;

    V — a modificação das cláusulas contratuais que estabeleçam prestações desproporcionais ou sua revisão em razão de fatos supervenientes que as tornem excessivamente onerosas;

VI — a efetiva prevenção e reparação de danos patrimoniais e morais, individuais, coletivos e difusos;
VII — o acesso aos órgãos judiciários e administrativos com vistas à prevenção ou reparação de danos patrimoniais e morais, individuais, coletivos ou difusos, assegurada a proteção Jurídica, administrativa e técnica aos necessitados;
VIII — a facilitação da defesa de seus direitos, inclusive com a inversão do ônus da prova, a seu favor, no processo civil, quando, a critério do juiz, for verossímil a alegação ou quando for ele hipossuficiente, segundo as regras ordinárias de experiências;
IX — (Vetado);
X — a adequada e eficaz prestação dos serviços públicos em geral.

Art. 7º Os direitos previstos neste código não excluem outros decorrentes de tratados ou convenções internacionais de que o Brasil seja signatário, da legislação interna ordinária, de regulamentos expedidos pelas autoridades administrativas competentes, bem como dos que derivem dos princípios gerais do direito, analogia, costumes e equidade.

Parágrafo único. Tendo mais de um autor a ofensa, todos responderão solidariamente pela reparação dos danos previstos nas normas de consumo.

Capítulo IV
Da Qualidade de Produtos e Serviços, da Prevenção e da Reparação dos Danos

Seção I
Da Proteção à Saúde e Segurança

Art. 8º Os produtos e serviços colocados no mercado de consumo não acarretarão riscos à saúde ou segurança dos consumidores, exceto os considerados normais e previsíveis em decorrência de sua natureza e fruição, obrigando-se os fornecedores, em qualquer hipótese, a dar as informações necessárias e adequadas a seu respeito.

Parágrafo único. Em se tratando de produto industrial, ao fabricante cabe prestar as informações a que se refere este artigo, através de impressos apropriados que devam acompanhar o produto.

Art. 9º O fornecedor de produtos e serviços potencialmente nocivos ou perigosos à saúde ou segurança deverá informar, de maneira ostensiva e adequada, a respeito da sua nocividade ou periculosidade, sem prejuízo da adoção de outras medidas cabíveis em cada caso concreto.

Art. 10. O fornecedor não poderá colocar no mercado de consumo produto ou serviço que sabe ou deveria saber apresentar alto grau de nocividade ou periculosidade à saúde ou segurança.

§ 1º O fornecedor de produtos e serviços que, posteriormente à sua introdução no mercado de consumo, tiver conhecimento da periculosidade que apresentem, deverá comunicar o fato imediatamente às autoridades competentes e aos consumidores, mediante anúncios publicitários.

§ 2º Os anúncios publicitários a que se refere o parágrafo anterior serão veiculados na imprensa, rádio e televisão, às expensas do fornecedor do produto ou serviço.

§ 3º Sempre que tiverem conhecimento de periculosidade de produtos ou serviços à saúde ou segurança dos consumidores, a União, os Estados, o Distrito Federal e os Municípios deverão informá-los a respeito.

Art. 11. (Vetado).

Seção II
Da Responsabilidade pelo Fato do Produto e do Serviço

Art. 12. O fabricante, o produtor, o construtor, nacional ou estrangeiro, e o importador respondem, independentemente da existência de culpa, pela reparação dos danos causados aos consumidores por defeitos decorrentes de projeto, fabricação, construção, montagem, fórmulas, manipulação, apresentação ou acondicionamento de seus produtos, bem como por informações insuficientes ou inadequadas sobre sua utilização e riscos.

§ 1º O produto é defeituoso quando não oferece a segurança que dele legitimamente se espera, levando-se em consideração as circunstâncias relevantes, entre as quais:

I – sua apresentação;

II – o uso e os riscos que razoavelmente dele se esperam;

III – a época em que foi colocado em circulação.

§ 2º O produto não é considerado defeituoso pelo fato de outro de melhor qualidade ter sido colocado no mercado.

§ 3º O fabricante, o construtor, o produtor ou importador só não será responsabilizado quando provar:

I – que não colocou o produto no mercado;

II – que, embora haja colocado o produto no mercado, o defeito inexiste;

III – a culpa exclusiva do consumidor ou de terceiro.

Art. 13. O comerciante é igualmente responsável, nos termos do artigo anterior, quando:

    I — o fabricante, o construtor, o produtor ou o importador não puderem ser identificados;

    II — o produto for fornecido sem identificação clara do seu fabricante, produtor, construtor ou importador;

    III — não conservar adequadamente os produtos perecíveis.

Parágrafo único. Aquele que efetivar o pagamento ao prejudicado poderá exercer o direito de regresso contra os demais responsáveis, segundo sua participação na causação do evento danoso.

Art. 14. O fornecedor de serviços responde, independentemente da existência de culpa, pela reparação dos danos causados aos consumidores por defeitos relativos à prestação dos serviços, bem como por informações insuficientes ou inadequadas sobre sua fruição e riscos.

§ 1º O serviço é defeituoso quando não fornece a segurança que o consumidor dele pode esperar, levando-se em consideração as circunstâncias relevantes, entre as quais:

    I — o modo de seu fornecimento;

    II — o resultado e os riscos que razoavelmente dele se esperam;

    III — a época em que foi fornecido.

§ 2º O serviço não é considerado defeituoso pela adoção de novas técnicas.

§ 3º O fornecedor de serviços só não será responsabilizado quando provar:

    I — que, tendo prestado o serviço, o defeito inexiste;

    II — a culpa exclusiva do consumidor ou de terceiro.

§ 4º A responsabilidade pessoal dos profissionais liberais será apurada mediante a verificação de culpa.

Art. 15. (Vetado).

Art. 16. (Vetado).

Art. 17. Para os efeitos desta Seção, equiparam-se aos consumidores todas as vítimas do evento.

Seção III
Da Responsabilidade por Vício do Produto e do Serviço

Art. 18. Os fornecedores de produtos de consumo duráveis ou não duráveis respondem solidariamente pelos vícios de qualidade ou quantidade que os tornem impróprios ou inadequados ao consumo a que se destinam ou lhes diminuam o valor, assim como por aqueles decorrentes da disparidade, com a indicações constantes do recipiente, da embalagem, rotulagem ou mensagem publicitária, respeitadas as variações decorrentes de sua natureza, podendo o consumidor exigir a substituição das partes viciadas.

§ 1º Não sendo o vício sanado no prazo máximo de trinta dias, pode o consumidor exigir, alternativamente e à sua escolha:

I – a substituição do produto por outro da mesma espécie, em perfeitas condições de uso;

II – a restituição imediata da quantia paga, monetariamente atualizada, sem prejuízo de eventuais perdas e danos;

III – o abatimento proporcional do preço.

§ 2º Poderão as partes convencionar a redução ou ampliação do prazo previsto no parágrafo anterior, não podendo ser inferior a sete nem superior a cento e oitenta dias. Nos contratos de adesão, a cláusula de prazo deverá ser convencionada em separado, por meio de manifestação expressa do consumidor.

§ 3º O consumidor poderá fazer uso imediato das alternativas do § 1º deste artigo sempre que, em razão da extensão do vício, a substituição das partes viciadas puder comprometer a qualidade ou características do produto, diminuir-lhe o valor ou se tratar de produto essencial.

§ 4º Tendo o consumidor optado pela alternativa do inciso I do § 1º deste artigo, e não sendo possível a substituição do bem, poderá haver substituição por outro de espécie, marca ou modelo diversos, mediante complementação ou restituição de eventual diferença de preço, sem prejuízo do disposto nos incisos II e III do § 1º deste artigo.

§ 5º No caso de fornecimento de produtos in natura, será responsável perante o consumidor o fornecedor imediato, exceto quando identificado claramente seu produtor.

§ 6º São impróprios ao uso e consumo:

I – os produtos cujos prazos de validade estejam vencidos;

II – os produtos deteriorados, alterados, adulterados, avariados, falsificados, corrompidos, fraudados, nocivos à vida ou à saúde, perigosos ou, ainda, aqueles em desacordo com as normas regulamentares de fabricação, distribuição ou apresentação;

III – os produtos que, por qualquer motivo, se revelem inadequados ao fim a que se destinam.

Art. 19. Os fornecedores respondem solidariamente pelos vícios de quantidade do produto sempre que, respeitadas as variações decorrentes de sua natureza, seu conteúdo líquido for inferior às indicações constantes do recipiente, da embalagem, rotulagem ou de mensagem publicitária, podendo o consumidor exigir, alternativamente e à sua escolha:

I — o abatimento proporcional do preço;
II — complementação do peso ou medida;
III — a substituição do produto por outro da mesma espécie, marca ou modelo, sem os aludidos vícios;
IV — a restituição imediata da quantia paga, monetariamente atualizada, sem prejuízo de eventuais perdas e danos.

§ 1º Aplica-se a este artigo o disposto no § 4º do artigo anterior.

§ 2º O fornecedor imediato será responsável quando fizer a pesagem ou a medição e o instrumento utilizado não estiver aferido segundo os padrões oficiais.

Art. 20. O fornecedor de serviços responde pelos vícios de qualidade que os tornem impróprios ao consumo ou lhes diminuam o valor, assim como por aqueles decorrentes da disparidade com as indicações constantes da oferta ou mensagem publicitária, podendo o consumidor exigir, alternativamente e à sua escolha:

I — a reexecução dos serviços, sem custo adicional e quando cabível;
II — a restituição imediata da quantia paga, monetariamente atualizada, sem prejuízo de eventuais perdas e danos;
III — o abatimento proporcional do preço.

§ 1º A reexecução dos serviços poderá ser confiada a terceiros devidamente capacitados, por conta e risco do fornecedor.

§ 2º São impróprios os serviços que se mostrem inadequados para os fins que razoavelmente deles se esperam, bem como aqueles que não atendam as normas regulamentares de prestabilidade.

Art. 21. No fornecimento de serviços que tenham por objetivo a reparação de qualquer produto considerar-se-á implícita a obrigação do fornecedor de empregar componentes de reposição originais adequados e novos, ou que mantenham as especificações técnicas do fabricante, salvo, quanto a estes últimos, autorização em contrário do consumidor.

Art. 22. Os órgãos públicos, por si ou suas empresas, concessionárias, permissionárias ou sob qualquer outra forma de empreendimento, são obrigados a fornecer serviços adequados, eficientes, seguros e, quanto aos essenciais, contínuos.

Parágrafo único. Nos casos de descumprimento, total ou parcial, das obrigações referidas neste artigo, serão as pessoas jurídicas compelidas a cumpri-las e a reparar os danos causados, na forma prevista neste código.

Art. 23. A ignorância do fornecedor sobre os vícios de qualidade por inadequação dos produtos e serviços não o exime de responsabilidade.

Art. 24. A garantia legal de adequação do produto ou serviço independe de termo expresso, vedada a exoneração contratual do fornecedor.

Art. 25. É vedada a estipulação contratual de cláusula que impossibilite, exonere ou atenue a obrigação de indenizar prevista nesta e nas seções anteriores.

§ 1º Havendo mais de um responsável pela causação do dano, todos responderão solidariamente pela reparação prevista nesta e nas seções anteriores.

§ 2º Sendo o dano causado por componente ou peça incorporada ao produto ou serviço, são responsáveis solidários seu fabricante, construtor ou importador e o que realizou a incorporação.

Seção IV
Da Decadência e da Prescrição

Art. 26. O direito de reclamar pelos vícios aparentes ou de fácil constatação caduca em:
    I – trinta dias, tratando-se de fornecimento de serviço e de produtos não duráveis;
    II – noventa dias, tratando-se de fornecimento de serviço e de produtos duráveis.

§ 1º Inicia-se a contagem do prazo decadencial a partir da entrega efetiva do produto ou do término da execução dos serviços.

§ 2º Obstam a decadência:
    I – a reclamação comprovadamente formulada pelo consumidor perante o fornecedor de produtos e serviços até a resposta negativa correspondente, que deve ser transmitida de forma inequívoca;
    II – (Vetado).
    III – a instauração de inquérito civil, até seu encerramento.

§ 3º Tratando-se de vício oculto, o prazo decadencial inicia-se no momento em que ficar evidenciado o defeito.

Art. 27. Prescreve em cinco anos a pretensão à reparação pelos danos causados por fato do produto ou do serviço prevista na Seção II deste Capítulo, iniciando-se a contagem do prazo a partir do conhecimento do dano e de sua autoria.

Parágrafo único. (Vetado).

Seção V
Da Desconsideração da Personalidade Jurídica

Art. 28. O juiz poderá desconsiderar a personalidade jurídica da sociedade quando, em detrimento do consumidor, houver abuso de direito, excesso de poder, infração da lei, fato ou ato ilícito ou violação dos estatutos ou contrato social. A desconsideração também será efetivada quando houver falência, estado de insolvência, encerramento ou inatividade da pessoa jurídica provocados por má administração

§ 1º (Vetado).

§ 2º As sociedades integrantes dos grupos societários e as sociedades controladas, são subsidiariamente responsáveis pelas obrigações decorrentes deste código.

§ 3º As sociedades consorciadas são solidariamente responsáveis pelas obrigações decorrentes deste código.

§ 4º As sociedades coligadas só responderão por culpa.

§ 5º Também poderá ser desconsiderada a pessoa jurídica sempre que sua personalidade for, de alguma forma, obstáculo ao ressarcimento de prejuízos causados aos consumidores.

Capítulo V
Das Práticas Comerciais

Seção I
Das Disposições Gerais

Art. 29. Para os fins deste Capítulo e do seguinte, equiparam-se aos consumidores todas as pessoas determináveis ou não, expostas às práticas nele previstas.

Seção II
Da Oferta

Art. 30. Toda informação ou publicidade, suficientemente precisa, veiculada por qualquer forma ou meio de comunicação com relação a produtos e serviços oferecidos ou apresentados, obriga o fornecedor que a fizer veicular ou dela se utilizar e integra o contrato que vier a ser celebrado.

Art. 31. A oferta e apresentação de produtos ou serviços devem assegurar informações corretas, claras, precisas, ostensivas e em língua portuguesa sobre suas características, qualidades, quantidade, composição, preço, garantia, prazos de validade e origem, entre outros dados, bem como sobre os riscos que apresentam à saúde e segurança dos consumidores.

Parágrafo único. As informações de que trata este artigo, nos produtos refrigerados oferecidos ao consumidor, serão gravadas de forma indelével. (Incluído pela Lei nº 11.989, de 2009)

Art. 32. Os fabricantes e importadores deverão assegurar a oferta de componentes e peças de reposição enquanto não cessar a fabricação ou importação do produto.

Parágrafo único. Cessadas a produção ou importação, a oferta deverá ser mantida por período razoável de tempo, na forma da lei.

Art. 33. Em caso de oferta ou venda por telefone ou reembolso postal, deve constar o nome do fabricante e endereço na embalagem, publicidade e em todos os impressos utilizados na transação comercial.

Parágrafo único. É proibida a publicidade de bens e serviços por telefone, quando a chamada for onerosa ao consumidor que a origina. (Incluído pela Lei nº 11.800, de 2008).

Art. 34. O fornecedor do produto ou serviço é solidariamente responsável pelos atos de seus prepostos ou representantes autônomos.

Art. 35. Se o fornecedor de produtos ou serviços recusar cumprimento à oferta, apresentação ou publicidade, o consumidor poderá, alternativamente e à sua livre escolha:

   I – exigir o cumprimento forçado da obrigação, nos termos da oferta, apresentação ou publicidade;

   II – aceitar outro produto ou prestação de serviço equivalente;

   III – rescindir o contrato, com direito à restituição de quantia eventualmente antecipada, monetariamente atualizada, e a perdas e danos.

Seção III
Da Publicidade

Art. 36. A publicidade deve ser veiculada de tal forma que o consumidor, fácil e imediatamente, a identifique como tal.

Parágrafo único. O fornecedor, na publicidade de seus produtos ou serviços, manterá, em seu poder, para informação dos legítimos interessados, os dados fáticos, técnicos e científicos que dão sustentação à mensagem.

Art. 37. É proibida toda publicidade enganosa ou abusiva.

§ 1º É enganosa qualquer modalidade de informação ou comunicação de caráter publicitário, inteira ou parcialmente falsa, ou, por qualquer outro modo, mesmo por omissão, capaz de induzir em erro o consumidor a respeito da natureza, características, qualidade, quantidade, propriedades, origem, preço e quaisquer outros dados sobre produtos e serviços.

§ 2º É abusiva, dentre outras, a publicidade discriminatória de qualquer natureza, a que incite à violência, explore o medo ou a superstição, se aproveite da deficiência de julgamento e experiência da criança, desrespeita valores ambientais, ou que seja capaz de induzir o consumidor a se comportar de forma prejudicial ou perigosa à sua saúde ou segurança.

§ 3º Para os efeitos deste código, a publicidade é enganosa por omissão quando deixar de informar sobre dado essencial do produto ou serviço.

§ 4º (Vetado).

Art. 38. O ônus da prova da veracidade e correção da informação ou comunicação publicitária cabe a quem as patrocina.

Seção IV
Das Práticas Abusivas

Art. 39. É vedado ao fornecedor de produtos ou serviços, dentre outras práticas abusivas: (Redação dada pela Lei nº 8.884, de 11/06/1994)

I — condicionar o fornecimento de produto ou de serviço ao fornecimento de outro produto ou serviço, bem como, sem justa causa, a limites quantitativos;

II — recusar atendimento às demandas dos consumidores, na exata medida de suas disponibilidades de estoque, e, ainda, de conformidade com os usos e costumes;

III — enviar ou entregar ao consumidor, sem solicitação prévia, qualquer produto, ou fornecer qualquer serviço;

IV — prevalecer-se da fraqueza ou ignorância do consumidor, tendo em vista sua idade, saúde, conhecimento ou condição social, para impingir-lhe seus produtos ou serviços;

V — exigir do consumidor vantagem manifestamente excessiva;

VI — executar serviços sem a prévia elaboração de orçamento e autorização expressa do consumidor, ressalvadas as decorrentes de práticas anteriores entre as partes;

VII — repassar informação depreciativa, referente a ato praticado pelo consumidor no exercício de seus direitos;

VIII — colocar, no mercado de consumo, qualquer produto ou serviço em desacordo com as normas expedidas pelos órgãos oficiais competentes ou, se normas específicas não existirem, pela Associação Brasileira de Normas Técnicas ou outra entidade credenciada pelo Conselho Nacional de Metrologia, Normalização e Qualidade Industrial (Conmetro);

IX — recusar a venda de bens ou a prestação de serviços, diretamente a quem se disponha a adquiri-los mediante pronto pagamento, ressalvados os casos de intermediação regulados em leis especiais; (Redação dada pela Lei nº 8.884, de 11/06/1994)

X — elevar sem justa causa o preço de produtos ou serviços. (Incluído pela Lei nº 8.884, de 11/06/1994)

XI — Dispositivo incluído pela MPV nº 1.890-67, de 22/10/1999, transformado em inciso XIII, quando da converão na Lei nº 9.870, de 23/11/1999

XII — deixar de estipular prazo para o cumprimento de sua obrigação ou deixar a fixação de seu termo inicial a seu exclusivo critério. (Incluído pela Lei nº 9.008, de 21/03/1995)

XIII — aplicar fórmula ou índice de reajuste diverso do legal ou contratualmente estabelecido. (Incluído pela Lei nº 9.870, de 23/11/1999)

Parágrafo único. Os serviços prestados e os produtos remetidos ou entregues ao consumidor, na hipótese prevista no inciso III, equiparam-se às amostras grátis, inexistindo obrigação de pagamento.

Art. 40. O fornecedor de serviço será obrigado a entregar ao consumidor orçamento prévio discriminando o valor da mão de obra, dos materiais e equipamentos a serem empregados, as condições de pagamento, bem como as datas de início e término dos serviços.

§ 1º Salvo estipulação em contrário, o valor orçado terá validade pelo prazo de dez dias, contado de seu recebimento pelo consumidor.

§ 2º Uma vez aprovado pelo consumidor, o orçamento obriga os contraentes e somente pode ser alterado mediante livre negociação das partes.

§ 3º O consumidor não responde por quaisquer ônus ou acréscimos decorrentes da contratação de serviços de terceiros não previstos no orçamento prévio.

Art. 41. No caso de fornecimento de produtos ou de serviços sujeitos ao regime de controle ou de tabelamento de preços, os fornecedores deverão respeitar os limites oficiais sob pena de não o fazendo, responderem pela restituição da quantia recebida em excesso, monetariamente atualizada, podendo o consumidor exigir à sua escolha, o desfazimento do negócio, sem prejuízo de outras sanções cabíveis.

Seção V
Da Cobrança de Dívidas

Art. 42. Na cobrança de débitos, o consumidor inadimplente não será exposto a ridículo, nem será submetido a qualquer tipo de constrangimento ou ameaça.

Parágrafo único. O consumidor cobrado em quantia indevida tem direito à repetição do indébito, por valor igual ao dobro do que pagou em excesso, acrescido de correção monetária e juros legais, salvo hipótese de engano justificável.

Art. 42-A. Em todos os documentos de cobrança de débitos apresentados ao consumidor, deverão constar o nome, o endereço e o número de inscrição no Cadastro de Pessoas Físicas — CPF ou no Cadastro Nacional de Pessoa Jurídica — CNPJ do fornecedor do produto ou serviço correspondente. (Incluído pela Lei nº 12.039, de 2009)

Seção VI
Dos Bancos de Dados e Cadastros de Consumidores

Art. 43. O consumidor, sem prejuízo do disposto no art. 86, terá acesso às informações existentes em cadastros, fichas, registros e dados pessoais e de consumo arquivados sobre ele, bem como sobre as suas respectivas fontes.

§ 1º Os cadastros e dados de consumidores devem ser objetivos, claros, verdadeiros e em linguagem de fácil compreensão, não podendo conter informações negativas referentes a período superior a cinco anos.

§ 2º A abertura de cadastro, ficha, registro e dados pessoais e de consumo deverá ser comunicada por escrito ao consumidor, quando não solicitada por ele.

§ 3º O consumidor, sempre que encontrar inexatidão nos seus dados e cadastros, poderá exigir sua imediata correção, devendo o arquivista, no prazo de cinco dias úteis, comunicar a alteração aos eventuais destinatários das informações incorretas.

§ 4º Os bancos de dados e cadastros relativos a consumidores, os serviços de proteção ao crédito e congêneres são considerados entidades de caráter público.

§ 5º Consumada a prescrição relativa à cobrança de débitos do consumidor, não serão fornecidas, pelos respectivos Sistemas de Proteção ao Crédito, quaisquer informações que possam impedir ou dificultar novo acesso ao crédito junto aos fornecedores.

Art. 44. Os órgãos públicos de defesa do consumidor manterão cadastros atualizados de reclamações fundamentadas contra fornecedores de produtos e serviços, devendo divulgá-lo pública e anualmente. A divulgação indicará se a reclamação foi atendida ou não pelo fornecedor.

§ 1º É facultado o acesso às informações lá constantes para orientação e consulta por qualquer interessado.

§ 2º Aplicam-se a este artigo, no que couber, as mesmas regras enunciadas no artigo anterior e as do parágrafo único do art. 22 deste código.

Art. 45. (Vetado).

Capítulo VI
Da Proteção Contratual

Seção I
Disposições Gerais

Art. 46. Os contratos que regulam as relações de consumo não obrigarão os consumidores, se não lhes for dada a oportunidade de tomar conhecimento prévio de seu conteúdo, ou se os respectivos instrumentos forem redigidos de modo a dificultar a compreensão de seu sentido e alcance.

Art. 47. As cláusulas contratuais serão interpretadas de maneira mais favorável ao consumidor.

Art. 48. As declarações de vontade constantes de escritos particulares, recibos e pré-contratos relativos às relações de consumo vinculam o fornecedor, ensejando inclusive execução específica, nos termos do art. 84 e parágrafos.

Art. 49. O consumidor pode desistir do contrato, no prazo de 7 dias a contar de sua assinatura ou do ato de recebimento do produto ou serviço, sempre que a contratação de fornecimento de produtos e serviços ocorrer fora do estabelecimento comercial, especialmente por telefone ou a domicílio.

Parágrafo único. Se o consumidor exercitar o direito de arrependimento previsto neste artigo, os valores eventualmente pagos, a qualquer título, durante o prazo de reflexão, serão devolvidos, de imediato, monetariamente atualizados.

Art. 50. A garantia contratual é complementar à legal e será conferida mediante termo escrito.

Parágrafo único. O termo de garantia ou equivalente deve ser padronizado e esclarecer, de maneira adequada em que consiste a mesma garantia, bem como a forma, o prazo e o lugar em que pode ser exercitada e os ônus a cargo do consumidor, devendo ser-lhe entregue, devidamente preenchido pelo fornecedor, no ato do fornecimento, acompanhado de manual de instrução, de instalação e uso do produto em linguagem didática, com ilustrações.

Seção II
Das Cláusulas Abusivas

Art. 51. São nulas de pleno direito, entre outras, as cláusulas contratuais relativas ao fornecimento de produtos e serviços que:

I – impossibilitem, exonerem ou atenuem a responsabilidade do fornecedor por vícios de qualquer natureza dos produtos e serviços ou impliquem renúncia ou disposição de direitos. Nas relações de consumo entre o fornecedor e o consumidor pessoa jurídica, a indenização poderá ser limitada, em situações justificáveis;

II – subtraiam ao consumidor a opção de reembolso da quantia já paga, nos casos previstos neste código;

III – transfiram responsabilidades a terceiros;

IV – estabeleçam obrigações consideradas iníquas, abusivas, que coloquem o consumidor em desvantagem exagerada, ou sejam incompatíveis com a boa-fé ou a equidade;

V – (Vetado);

VI – estabeleçam inversão do ônus da prova em prejuízo do consumidor;

VII – determinem a utilização compulsória de arbitragem;

VIII – imponham representante para concluir ou realizar outro negócio jurídico pelo consumidor;

IX – deixem ao fornecedor a opção de concluir ou não o contrato, embora obrigando o consumidor;

X – permitam ao fornecedor, direta ou indiretamente, variação do preço de maneira unilateral;

XI – autorizem o fornecedor a cancelar o contrato unilateralmente, sem que igual direito seja conferido ao consumidor;

XII – obriguem o consumidor a ressarcir os custos de cobrança de sua obrigação, sem que igual direito lhe seja conferido contra o fornecedor;

XIII – autorizem o fornecedor a modificar unilateralmente o conteúdo ou a qualidade do contrato, após sua celebração;

XIV – infrinjam ou possibilitem a violação de normas ambientais;

XV – estejam em desacordo com o sistema de proteção ao consumidor;

XVI – possibilitem a renúncia do direito de indenização por benfeitorias necessárias.

§ 1º Presume-se exagerada, entre outros casos, a vontade que:

I – ofende os princípios fundamentais do sistema jurídico a que pertence;

II – restringe direitos ou obrigações fundamentais inerentes à natureza do contrato, de tal modo a ameaçar seu objeto ou equilíbrio contratual;

III – se mostra excessivamente onerosa para o consumidor, considerando-se a natureza e conteúdo do contrato, o interesse das partes e outras circunstâncias peculiares ao caso.

§ 2º A nulidade de uma cláusula contratual abusiva não invalida o contrato, exceto quando de sua ausência, apesar dos esforços de integração, decorrer ônus excessivo a qualquer das partes.

§ 3º (Vetado).

§ 4º É facultado a qualquer consumidor ou entidade que o represente requerer ao Ministério Público que ajuíze a competente ação para ser declarada a nulidade de cláusula contratual que contrarie o disposto neste código ou de qualquer forma não assegure o justo equilíbrio entre direitos e obrigações das partes.

Art. 52. No fornecimento de produtos ou serviços que envolva outorga de crédito ou concessão de financiamento ao consumidor, o fornecedor deverá, entre outros requisitos, informá-lo prévia e adequadamente sobre:

I – preço do produto ou serviço em moeda corrente nacional;

II – montante dos juros de mora e da taxa efetiva anual de juros;

III – acréscimos legalmente previstos;

IV – número e periodicidade das prestações;

V – soma total a pagar, com e sem financiamento.

§ 1º As multas de mora decorrentes do inadimplemento de obrigações no seu termo não poderão ser superiores a dois por cento do valor da prestação. (Redação dada pela Lei nº 9.298, de 01/08/1996)

§ 2º É assegurado ao consumidor a liquidação antecipada do débito, total ou parcialmente, mediante redução proporcional dos juros e demais acréscimos.

§ 3º (Vetado).

Art. 53. Nos contratos de compra e venda de móveis ou imóveis mediante pagamento em prestações, bem como nas alienações fiduciárias em garantia, consideram-se nulas de pleno direito as cláusulas que estabeleçam a perda total das prestações pagas em benefício do credor que, em razão do inadimplemento, pleitear a resolução do contrato e a retomada do produto alienado.

§ 1º (Vetado).

§ 2º Nos contratos do sistema de consórcio de produtos duráveis, a compensação ou a restituição das parcelas quitadas, na forma deste artigo, terá descontada, além da vantagem econômica auferida com a fruição, os prejuízos que o desistente ou inadimplente causar ao grupo.

§ 3º Os contratos de que trata o caput deste artigo serão expressos em moeda corrente nacional.

SEÇÃO III
Dos Contratos de Adesão

Art. 54. Contrato de adesão é aquele cujas cláusulas tenham sido aprovadas pela autoridade competente ou estabelecidas unilateralmente pelo fornecedor de produtos ou serviços, sem que o consumidor possa discutir ou modificar substancialmente seu conteúdo.

§ 1º A inserção de cláusula no formulário não desfigura a natureza de adesão do contrato.

§ 2º Nos contratos de adesão admite-se cláusula resolutória, desde que a alternativa, cabendo a escolha ao consumidor, ressalvando-se o disposto no § 2º do artigo anterior.

§ 3º Os contratos de adesão escritos serão redigidos em termos claros e com caracteres ostensivos e legíveis, cujo tamanho da fonte não será inferior ao corpo doze, de modo a facilitar sua compreensão pelo consumidor. (Redação dada pela nº 11.785, de 2008)

§ 4º As cláusulas que implicarem limitação de direito do consumidor deverão ser redigidas com destaque, permitindo sua imediata e fácil compreensão.

§ 5º (Vetado)

Capítulo VII
**Das Sanções Administrativas
(Vide Lei nº 8.656, de 1993)**

Art. 55. A União, os Estados e o Distrito Federal, em caráter concorrente e nas suas respectivas áreas de atuação administrativa, baixarão normas relativas à produção, industrialização, distribuição e consumo de produtos e serviços.

§ 1º A União, os Estados, o Distrito Federal e os Municípios fiscalizarão e controlarão a produção, industrialização, distribuição, a publicidade de produtos e serviços e o mercado de consumo, no interesse da preservação da vida, da saúde, da segurança, da informação e do bem-estar do consumidor, baixando as normas que se fizerem necessárias.

§ 2º (Vetado).

§ 3º Os órgãos federais, estaduais, do Distrito Federal e municipais com atribuições para fiscalizar e controlar o mercado de consumo manterão comissões permanentes para elaboração, revisão e atualização das normas referidas no § 1º, sendo obrigatória a participação dos consumidores e fornecedores.

§ 4º Os órgãos oficiais poderão expedir notificações aos fornecedores para que, sob pena de desobediência, prestem informações sobre questões de interesse do consumidor, resguardado o segredo industrial.

Art. 56. As infrações das normas de defesa do consumidor ficam sujeitas, conforme o caso, às seguintes sanções administrativas, sem prejuízo das de natureza civil, penal e das definidas em normas específicas:

I — multa;
II — apreensão do produto;
III — inutilização do produto;
IV — cassação do registro do produto junto ao órgão competente;
V — proibição de fabricação do produto;
VI — suspensão de fornecimento de produtos ou serviço;
VII — suspensão temporária de atividade;
VIII — revogação de concessão ou permissão de uso;
IX — cassação de licença do estabelecimento ou de atividade;
X — interdição, total ou parcial, de estabelecimento, de obra ou de atividade;
XI — intervenção administrativa;
XII — imposição de contrapropaganda.

Parágrafo único. As sanções previstas neste artigo serão aplicadas pela autoridade administrativa, no âmbito de sua atribuição, podendo ser aplicadas cumulativamente, inclusive por medida cautelar, antecedente ou incidente de procedimento administrativo.

Art. 57. A pena de multa, graduada de acordo com a gravidade da infração, a vantagem auferida e a condição econômica do fornecedor, será aplicada mediante procedimento administrativo, revertendo para o Fundo de que trata a Lei nº 7.347, de 24 de julho de 1985, os valores cabíveis à União, ou para os Fundos estaduais ou municipais de proteção ao consumidor nos demais casos. (Redação dada pela Lei nº 8.656, de 21.5.1993)

Parágrafo único. A multa será em montante não inferior a duzentas e não superior a três milhões de vezes o valor da Unidade Fiscal de Referência (Ufir), ou índice equivalente que venha a substituí-lo. (Parágrafo acrescentado pela Lei nº 8.703, de 6.9.1993)

Art. 58. As penas de apreensão, de inutilização de produtos, de proibição de fabricação de produtos, de suspensão do fornecimento de produto ou serviço, de cassação do registro do produto e revogação da concessão ou permissão de uso serão aplicadas pela administração, mediante procedimento administrativo, assegurada ampla defesa, quando forem constatados vícios de quantidade ou de qualidade por inadequação ou insegurança do produto ou serviço.

Art. 59. As penas de cassação de alvará de licença, de interdição e de suspensão temporária da atividade, bem como a de intervenção administrativa, serão aplicadas mediante procedimento administrativo, assegurada ampla defesa, quando o fornecedor reincidir na prática das infrações de maior gravidade previstas neste código e na legislação de consumo.

§ 1º A pena de cassação da concessão será aplicada à concessionária de serviço público, quando violar obrigação legal ou contratual.

§ 2º A pena de intervenção administrativa será aplicada sempre que as circunstâncias de fato desaconselharem a cassação de licença, a interdição ou suspensão da atividade.

§ 3º Pendendo ação judicial na qual se discuta a imposição de penalidade administrativa, não haverá reincidência até o trânsito em julgado da sentença.

Art. 60. A imposição de contrapropaganda será cominada quando o fornecedor incorrer na prática de publicidade enganosa ou abusiva, nos termos do art. 36 e seus parágrafos, sempre às expensas do infrator.

§ 1º A contrapropaganda será divulgada pelo responsável da mesma forma, frequência e dimensão e, preferencialmente no mesmo veículo, local, espaço e horário, de forma capaz de desfazer o malefício da publicidade enganosa ou abusiva.

§ 2º (Vetado)

§ 3º (Vetado).

TÍTULO II
Das Infrações Penais

Art. 61. Constituem crimes contra as relações de consumo previstas neste código, sem prejuízo do disposto no Código Penal e leis especiais, as condutas tipificadas nos artigos seguintes.

Art. 62. (Vetado).

Art. 63. Omitir dizeres ou sinais ostensivos sobre a nocividade ou periculosidade de produtos, nas embalagens, nos invólucros, recipientes ou publicidade:

Pena – Detenção de seis meses a dois anos e multa.

§ 1º Incorrerá nas mesmas penas quem deixar de alertar, mediante recomendações escritas ostensivas, sobre a periculosidade do serviço a ser prestado.

§ 2º Se o crime é culposo:

Pena – Detenção de um a seis meses ou multa.

Art. 64. Deixar de comunicar à autoridade competente e aos consumidores a nocividade ou periculosidade de produtos cujo conhecimento seja posterior à sua colocação no mercado:

Pena – Detenção de seis meses a dois anos e multa.

Parágrafo único. Incorrerá nas mesmas penas quem deixar de retirar do mercado, imediatamente quando determinado pela autoridade competente, os produtos nocivos ou perigosos, na forma deste artigo.

Art. 65. Executar serviço de alto grau de periculosidade, contrariando determinação de autoridade competente:

Pena — Detenção de seis meses a dois anos e multa.

Parágrafo único. As penas deste artigo são aplicáveis sem prejuízo das correspondentes à lesão corporal e à morte.

Art. 66. Fazer afirmação falsa ou enganosa, ou omitir informação relevante sobre a natureza, característica, qualidade, quantidade, segurança, desempenho, durabilidade, preço ou garantia de produtos ou serviços:

Pena — Detenção de três meses a um ano e multa.

§ 1º Incorrerá nas mesmas penas quem patrocinar a oferta.

§ 2º Se o crime é culposo;

Pena — Detenção de um a seis meses ou multa.

Art. 67. Fazer ou promover publicidade que sabe ou deveria saber ser enganosa ou abusiva:

Pena — Detenção de três meses a um ano e multa.

Parágrafo único. (Vetado).

Art. 68. Fazer ou promover publicidade que sabe ou deveria saber ser capaz de induzir o consumidor a se comportar de forma prejudicial ou perigosa a sua saúde ou segurança:

Pena — Detenção de seis meses a dois anos e multa:

Parágrafo único. (Vetado).

Art. 69. Deixar de organizar dados fáticos, técnicos e científicos que dão base à publicidade:

Pena — Detenção de um a seis meses ou multa.

Art. 70. Empregar na reparação de produtos, peça ou componentes de reposição usados, sem autorização do consumidor:

Pena — Detenção de três meses a um ano e multa.

Art. 71. Utilizar, na cobrança de dívidas, de ameaça, coação, constrangimento físico ou moral, afirmações falsas incorretas ou enganosas ou de qualquer outro procedimento que exponha o consumidor, injustificadamente, a ridículo ou interfira com seu trabalho, descanso ou lazer:

Pena — Detenção de três meses a um ano e multa.

Art. 72. Impedir ou dificultar o acesso do consumidor às informações que sobre ele constem em cadastros, banco de dados, fichas e registros:

Pena — Detenção de seis meses a um ano ou multa.

Art. 73. Deixar de corrigir imediatamente informação sobre consumidor constante de cadastro, banco de dados, fichas ou registros que sabe ou deveria saber ser inexata:
Pena — Detenção de um a seis meses ou multa.

Art. 74. Deixar de entregar ao consumidor o termo de garantia adequadamente preenchido e com especificação clara de seu conteúdo;
Pena — Detenção de um a seis meses ou multa.

Art. 75. Quem, de qualquer forma, concorrer para os crimes referidos neste código, incide as penas a esses cominadas na medida de sua culpabilidade, bem como o diretor, administrador ou gerente da pessoa jurídica que promover, permitir ou por qualquer modo aprovar o fornecimento, oferta, exposição à venda ou manutenção em depósito de produtos ou a oferta e prestação de serviços nas condições por ele proibidas.

Art. 76. São circunstâncias agravantes dos crimes tipificados neste código:

I — serem cometidos em época de grave crise econômica ou por ocasião de calamidade;

II — ocasionarem grave dano individual ou coletivo;

III — dissimular-se a natureza ilícita do procedimento;

IV — quando cometidos:

    a) por servidor público, ou por pessoa cuja condição econômico-social seja manifestamente superior à da vítima;

    b) em detrimento de operário ou rurícola; de menor de dezoito ou maior de sessenta anos ou de pessoas portadoras de deficiência mental interditadas ou não;

V — serem praticados em operações que envolvam alimentos, medicamentos ou quaisquer outros produtos ou serviços essenciais.

Art. 77. A pena pecuniária prevista nesta Seção será fixada em dias-multa, correspondente ao mínimo e ao máximo de dias de duração da pena privativa da liberdade cominada ao crime. Na individualização desta multa, o juiz observará o disposto no art. 60, §1º do Código Penal.

Art. 78. Além das penas privativas de liberdade e de multa, podem ser impostas, cumulativa ou alternadamente, observado o disposto nos arts. 44 a 47, do Código Penal:

I — a interdição temporária de direitos;

II — a publicação em órgãos de comunicação de grande circulação ou audiência, às expensas do condenado, de notícia sobre os fatos e a condenação;

III — a prestação de serviços à comunidade.

Art. 79. O valor da fiança, nas infrações de que trata este código, será fixado pelo juiz, ou pela autoridade que presidir o inquérito, entre cem e duzentas mil vezes o valor do Bônus do Tesouro Nacional (BTN), ou índice equivalente que venha a substituí-lo.

Parágrafo único. Se assim recomendar a situação econômica do indiciado ou réu, a fiança poderá ser:
   a) reduzida até a metade do seu valor mínimo;
   b) aumentada pelo juiz até vinte vezes.

Art. 80. No processo penal atinente aos crimes previstos neste código, bem como a outros crimes e contravenções que envolvam relações de consumo, poderão intervir, como assistentes do Ministério Público, os legitimados indicados no art. 82, inciso III e IV, aos quais também é facultado propor ação penal subsidiária, se a denúncia não for oferecida no prazo legal.

TÍTULO III
Da Defesa do Consumidor em Juízo

Capítulo I
Disposições Gerais

Art. 81. A defesa dos interesses e direitos dos consumidores e das vítimas poderá ser exercida em juízo individualmente, ou a título coletivo.

Parágrafo único. A defesa coletiva será exercida quando se tratar de:

   I – interesses ou direitos difusos, assim entendidos, para efeitos deste código, os transindividuais, de natureza indivisível, de que sejam titulares pessoas indeterminadas e ligadas por circunstâncias de fato;

   II – interesses ou direitos coletivos, assim entendidos, para efeitos deste código, os transindividuais, de natureza indivisível de que seja titular grupo, categoria ou classe de pessoas ligadas entre si ou com a parte contrária por uma relação jurídica base;

   III – interesses ou direitos individuais homogêneos, assim entendidos os decorrentes de origem comum.

Art. 82. Para os fins do art. 81, parágrafo único, são legitimados concorrentemente: (Redação dada pela Lei nº 9.008, de 21/03/1995)

   I – o Ministério Público,

   II – a União, os Estados, os Municípios e o Distrito Federal;

   III – as entidades e órgãos da Administração Pública, direta ou indireta, ainda que sem personalidade jurídica, especificamente destinados à defesa dos interesses e direitos protegidos por este código;

   IV – as associações legalmente constituídas há pelo menos um ano e que incluam entre seus fins institucionais a defesa dos interesses e direitos protegidos por este código, dispensada a autorização assemblear.

§ 1º O requisito da pré-constituição pode ser dispensado pelo juiz, nas ações previstas nos arts. 91 e seguintes, quando haja manifesto interesse social evidenciado pela dimensão ou característica do dano, ou pela relevância do bem jurídico a ser protegido.

§ 2º (Vetado).

§ 3º (Vetado).

Art. 83. Para a defesa dos direitos e interesses protegidos por este código são admissíveis todas as espécies de ações capazes de propiciar sua adequada e efetiva tutela.

Parágrafo único. (Vetado).

Art. 84. Na ação que tenha por objeto o cumprimento da obrigação de fazer ou não fazer, o juiz concederá a tutela específica da obrigação ou determinará providências que assegurem o resultado prático equivalente ao do adimplemento.

§ 1º A conversão da obrigação em perdas e danos somente será admissível se por elas optar o autor ou se impossível a tutela específica ou a obtenção do resultado prático correspondente.

§ 2º A indenização por perdas e danos se fará sem prejuízo da multa (art. 287, do Código de Processo Civil).

§ 3º Sendo relevante o fundamento da demanda e havendo justificado receio de ineficácia do provimento final, é lícito ao juiz conceder a tutela liminarmente ou após justificação prévia, citado o réu.

§ 4º O juiz poderá, na hipótese do § 3º ou na sentença, impor multa diária ao réu, independentemente de pedido do autor, se for suficiente ou compatível com a obrigação, fixando prazo razoável para o cumprimento do preceito.

§ 5º Para a tutela específica ou para a obtenção do resultado prático equivalente, poderá o juiz determinar as medidas necessárias, tais como busca e apreensão, remoção de coisas e pessoas, desfazimento de obra, impedimento de atividade nociva, além de requisição de força policial.

Art. 85. (Vetado).

Art. 86. (Vetado).

Art. 87. Nas ações coletivas de que trata este código não haverá adiantamento de custas, emolumentos, honorários periciais e quaisquer outras despesas, nem condenação da associação autora, salvo comprovada má-fé, em honorários de advogados, custas e despesas processuais.

Parágrafo único. Em caso de litigância de má-fé, a associação autora e os diretores responsáveis pela propositura da ação serão solidariamente condenados em honorários advocatícios e ao décuplo das custas, sem prejuízo da responsabilidade por perdas e danos.

Art. 88. Na hipótese do art. 13, parágrafo único deste código, a ação de regresso poderá ser ajuizada em processo autônomo, facultada a possibilidade de prosseguir-se nos mesmos autos, vedada a denunciação da lide.

Art. 89. (Vetado)

Art. 90. Aplicam-se às ações previstas neste título as normas do Código de Processo Civil e da Lei nº 7.347, de 24 de julho de 1985, inclusive no que respeita ao inquérito civil, naquilo que não contrariar suas disposições.

Capítulo II
Das Ações Coletivas para a Defesa de Interesses Individuais Homogêneos

Art. 91. Os legitimados de que trata o art. 82 poderão propor, em nome próprio e no interesse das vítimas ou seus sucessores, ação civil coletiva de responsabilidade pelos danos individualmente sofridos, de acordo com o disposto nos artigos seguintes. (Redação dada pela Lei nº 9.008, de 21/03/1995)

Art. 92. O Ministério Público, se não ajuizar a ação, atuará sempre como fiscal da lei.

Parágrafo único. (Vetado).

Art. 93. Ressalvada a competência da Justiça Federal, é competente para a causa a justiça local:

    I – no foro do lugar onde ocorreu ou deva ocorrer o dano, quando de âmbito local;

    II – no foro da Capital do Estado ou no do Distrito Federal, para os danos de âmbito nacional ou regional, aplicando-se as regras do Código de Processo Civil aos casos de competência concorrente.

Art. 94. Proposta a ação, será publicado edital no órgão oficial, a fim de que os interessados possam intervir no processo como litisconsortes, sem prejuízo de ampla divulgação pelos meios de comunicação social por parte dos órgãos de defesa do consumidor.

Art. 95. Em caso de procedência do pedido, a condenação será genérica, fixando a responsabilidade do réu pelos danos causados.

Art. 96. (Vetado).

Art. 97. A liquidação e a execução de sentença poderão ser promovidas pela vítima e seus sucessores, assim como pelos legitimados de que trata o art. 82.

Parágrafo único. (Vetado).

Art. 98. A execução poderá ser coletiva, sendo promovida pelos legitimados de que trata o art. 82, abrangendo as vítimas cujas indenizações já tiveram sido fixadas em sentença de liquidação, sem prejuízo do ajuizamento de outras execuções. (Redação dada pela Lei nº 9.008, de 21/03/1995)

§ 1º A execução coletiva far-se-á com base em certidão das sentenças de liquidação, da qual deverá constar a ocorrência ou não do trânsito em julgado.

§ 2º É competente para a execução o juízo:

I – da liquidação da sentença ou da ação condenatória, no caso de execução individual;

II – da ação condenatória, quando coletiva a execução.

Art. 99. Em caso de concurso de créditos decorrentes de condenação prevista na Lei nº 7.347, de 24 de julho de 1985 e de indenizações pelos prejuízos individuais resultantes do mesmo evento danoso, estas terão preferência no pagamento.

Parágrafo único. Para efeito do disposto neste artigo, a destinação da importância recolhida ao fundo criado pela Lei nº 7.347 de 24 de julho de 1985, ficará sustada enquanto pendentes de decisão de segundo grau as ações de indenização pelos danos individuais, salvo na hipótese de o patrimônio do devedor ser manifestamente suficiente para responder pela integralidade das dívidas.

Art. 100. Decorrido o prazo de um ano sem habilitação de interessados em número compatível com a gravidade do dano, poderão os legitimados do art. 82 promover a liquidação e execução da indenização devida.

Parágrafo único. O produto da indenização devida reverterá para o fundo criado pela Lei nºº 7.347, de 24 de julho de 1985.

Capítulo III
Das Ações de Responsabilidade do Fornecedor de Produtos e Serviços

Art. 101. Na ação de responsabilidade civil do fornecedor de produtos e serviços, sem prejuízo do disposto nos Capítulos I e II deste título, serão observadas as seguintes normas:

I – a ação pode ser proposta no domicílio do autor;

II – o réu que houver contratado seguro de responsabilidade poderá chamar ao processo o segurador, vedada a integração do contraditório pelo Instituto de Resseguros do Brasil. Nesta hipótese, a sentença que julgar procedente o pedido condenará o réu nos termos do art. 80 do Código de Processo Civil. Se o réu houver sido declarado falido, o síndico será intimado a informar a existência de seguro de responsabilidade, facultando-se, em caso afirmativo, o ajuizamento de ação de indenização diretamente contra o segurador, vedada a denunciação da lide ao Instituto de Resseguros do Brasil e dispensado o litisconsórcio obrigatório com este.

Art. 102. Os legitimados a agir na forma deste código poderão propor ação visando compelir o Poder Público competente a proibir, em todo o território nacional, a produção, divulgação distribuição ou venda, ou a determinar a alteração na composição, estrutura, fórmula ou acondicionamento de produto, cujo uso ou consumo regular se revele nocivo ou perigoso à saúde pública e à incolumidade pessoal.

§ 1º (Vetado).

§ 2º (Vetado)

Capítulo IV
Da Coisa Julgada

Art. 103. Nas ações coletivas de que trata este código, a sentença fará coisa julgada:

I – *erga omnes*, exceto se o pedido for julgado improcedente por insuficiência de provas, hipótese em que qualquer legitimado poderá intentar outra ação, com idêntico fundamento valendo-se de nova prova, na hipótese do inciso I do parágrafo único do art. 81;

II – *ultra partes*, mas limitadamente ao grupo, categoria ou classe, salvo improcedência por insuficiência de provas, nos termos do inciso anterior, quando se tratar da hipótese prevista no inciso II do parágrafo único do art. 81;

III – *erga omnes*, apenas no caso de procedência do pedido, para beneficiar todas as vítimas e seus sucessores, na hipótese do inciso III do parágrafo único do art. 81.

§ 1º Os efeitos da coisa julgada previstos nos incisos I e II não prejudicarão interesses e direitos individuais dos integrantes da coletividade, do grupo, categoria ou classe.

§ 2º Na hipótese prevista no inciso III, em caso de improcedência do pedido, os interessados que não tiverem intervindo no processo como litisconsortes poderão propor ação de indenização a título individual.

§ 3º Os efeitos da coisa julgada de que cuida o art. 16, combinado com o art. 13 da Lei nº 7.347, de 24 de julho de 1985, não prejudicarão as ações de indenização por danos pessoalmente sofridos, propostas individualmente ou na forma prevista neste código, mas, se procedente o pedido, beneficiarão as vítimas e seus sucessores, que poderão proceder à liquidação e à execução, nos termos dos arts. 96 a 99.

§ 4º Aplica-se o disposto no parágrafo anterior à sentença penal condenatória.

Art. 104. As ações coletivas, previstas nos incisos I e II e do parágrafo único do art. 81, não induzem litispendência para as ações individuais, mas os efeitos da coisa julgada *erga omnes* ou *ultra partes* a que aludem os incisos II e III do artigo anterior não beneficiarão os autores das ações individuais, se não for requerida sua suspensão no prazo de trinta dias, a contar da ciência nos autos do ajuizamento da ação coletiva.

TÍTULO IV
Do Sistema Nacional de Defesa do Consumidor

Art. 105. Integram o Sistema Nacional de Defesa do Consumidor (SNDC), os órgãos federais, estaduais, do Distrito Federal e municipais e as entidades privadas de defesa do consumidor.

Art. 106. O Departamento Nacional de Defesa do Consumidor, da Secretaria Nacional de Direito Econômico (MJ), ou órgão federal que venha substituí-lo, é organismo de coordenação da política do Sistema Nacional de Defesa do Consumidor, cabendo-lhe:

I – planejar, elaborar, propor, coordenar e executar a política nacional de proteção ao consumidor;

II – receber, analisar, avaliar e encaminhar consultas, denúncias ou sugestões apresentadas por entidades representativas ou pessoas jurídicas de direito público ou privado;

III – prestar aos consumidores orientação permanente sobre seus direitos e garantias;

IV – informar, conscientizar e motivar o consumidor através dos diferentes meios de comunicação;

V – solicitar à polícia judiciária a instauração de inquérito policial para a apreciação de delito contra os consumidores, nos termos da legislação vigente;

VI – representar ao Ministério Público competente para fins de adoção de medidas processuais no âmbito de suas atribuições;

VII – levar ao conhecimento dos órgãos competentes as infrações de ordem administrativa que violarem os interesses difusos, coletivos, ou individuais dos consumidores;

VIII — solicitar o concurso de órgãos e entidades da União, Estados, do Distrito Federal e Municípios, bem como auxiliar a fiscalização de preços, abastecimento, quantidade e segurança de bens e serviços;

IX — incentivar, inclusive com recursos financeiros e outros programas especiais, a formação de entidades de defesa do consumidor pela população e pelos órgãos públicos estaduais e municipais;

X — (Vetado).

XI — (Vetado).

XII — (Vetado)

XIII — desenvolver outras atividades compatíveis com suas finalidades.

Parágrafo único. Para a consecução de seus objetivos, o Departamento Nacional de Defesa do Consumidor poderá solicitar o concurso de órgãos e entidades de notória especialização técnico-científica.

TÍTULO V
Da Convenção Coletiva de Consumo

Art. 107. As entidades civis de consumidores e as associações de fornecedores ou sindicatos de categoria econômica podem regular, por convenção escrita, relações de consumo que tenham por objeto estabelecer condições relativas ao preço, à qualidade, à quantidade, à garantia e características de produtos e serviços, bem como à reclamação e composição do conflito de consumo.

§ 1º A convenção tornar-se-á obrigatória a partir do registro do instrumento no cartório de títulos e documentos.

§ 2º A convenção somente obrigará os filiados às entidades signatárias.

§ 3º Não se exime de cumprir a convenção o fornecedor que se desligar da entidade em data posterior ao registro do instrumento.

Art. 108. (Vetado).

TÍTULO VI
Disposições Finais

Art. 109. (Vetado).

Art. 110. Acrescente-se o seguinte inciso IV ao art. 1º da Lei nº 7.347, de 24 de julho de 1985:

"IV - a qualquer outro interesse difuso ou coletivo".

Art. 111. O inciso II do art. 5º da Lei nº 7.347, de 24 de julho de 1985, passa a ter a seguinte redação:

"II - inclua, entre suas finalidades institucionais, a proteção ao meio ambiente, ao consumidor, ao patrimônio artístico, estético, histórico, turístico e paisagístico, ou a qualquer outro interesse difuso ou coletivo".

Art. 112. O § 3º do art. 5º da Lei nº 7.347, de 24 de julho de 1985, passa a ter a seguinte redação:

"§ 3º Em caso de desistência infundada ou abandono da ação por associação legitimada, o Ministério Público ou outro legitimado assumirá a titularidade ativa".

Art. 113. Acrescente-se os seguintes §§ 4º, 5º e 6º ao art. 5º. da Lei nºº 7.347, de 24 de julho de 1985:

"§ 4.º O requisito da pré-constituição poderá ser dispensado pelo juiz, quando haja manifesto interesse social evidenciado pela dimensão ou característica do dano, ou pela relevância do bem jurídico a ser protegido.

§ 5.º Admitir-se-á o litisconsórcio facultativo entre os Ministérios Públicos da União, do Distrito Federal e dos Estados na defesa dos interesses e direitos de que cuida esta lei. (Vide Mensagem de veto) (Vide REsp 222582 /MG – STJ)

§ 6º Os órgãos públicos legitimados poderão tomar dos interessados compromisso de ajustamento de sua conduta às exigências legais, mediante combinações, que terá eficácia de título executivo extrajudicial". (Vide Mensagem de veto) (Vide REsp 222582 /MG – STJ)

Art. 114. O art. 15 da Lei nº 7.347, de 24 de julho de 1985, passa a ter a seguinte redação:

"Art. 15. Decorridos sessenta dias do trânsito em julgado da sentença condenatória, sem que a associação autora lhe promova a execução, deverá fazê-lo o Ministério Público, facultada igual iniciativa aos demais legitimados".

Art. 115. Suprima-se o caput do art. 17 da Lei nº 7.347, de 24 de julho de 1985, passando o parágrafo único a constituir o caput, com a seguinte redação:

"Art. 17. Em caso de litigância de má-fé, a associação autora e os diretores responsáveis pela propositura da ação serão solidariamente condenados em honorários advocatícios e ao décuplo das custas, sem prejuízo da responsabilidade por perdas e danos".

Art. 116. Dê-se a seguinte redação ao art. 18 da Lei nº 7.347, de 24 de julho de 1985:

"Art. 18. Nas ações de que trata esta lei, não haverá adiantamento de custas, emolumentos, honorários periciais e quaisquer outras despesas, nem condenação da associação autora, salvo comprovada má-fé, em honorários de advogado, custas e despesas processuais".

Art. 117. Acrescente-se à Lei nº 7.347, de 24 de julho de 1985, o seguinte dispositivo, renumerando-se os seguintes:

"Art. 21. Aplicam-se à defesa dos direitos e interesses difusos, coletivos e individuais, no que for cabível, os dispositivos do Título III da lei que instituiu o Código de Defesa do Consumidor."

Art. 118. Este código entrará em vigor dentro de cento e oitenta dias a contar de sua publicação.

Art. 119. Revogam-se as disposições em contrário.

Brasília, 11 de setembro de 1990; 169º da Independência e 102º da República.

FERNANDO COLLOR
Bernardo Cabral
Zélia M. Cardoso de Mello
Ozires Silva

DECRETO REGULAMENTADOR
(http://bit.ly/bVML7c)

Decreto nº 2.181, de 20 de março de 1997

O PRESIDENTE DA REPÚBLICA, no uso da atribuição que lhe confere o art. 84, inciso IV, da Constituição, e tendo em vista o disposto na Lei nº 8.078, de 11 de setembro de 1990,

DECRETA:

Art. 1º Fica organizado o Sistema Nacional de Defesa do Consumidor — SNDC e estabelecidas as normas gerais de aplicação das sanções administrativas, nos termos da Lei nº 8.078, de 11 de setembro de 1990.

Capítulo I
Do Sistema Nacional de Defesa do Consumidor

Art. 2º Integram o SNDC a Secretaria de Direito Econômico do Ministério da Justiça SDE, por meio do seu Departamento de Proteção e Defesa do Consumidor — DPDC, e os demais órgãos federais, estaduais, do Distrito Federal, municipais e as entidades civis de defesa do consumidor.

Capítulo II
Da Competência dos Orgãos Integrantes do SNDC

Art. 3º Compete ao DPDC, a coordenação da política do Sistema Nacional de Defesa do Consumidor, cabendo-lhe:

I – planejar, elaborar, propor, coordenar e executar a política nacional de proteção e defesa do consumidor;

II – receber, analisar, avaliar e apurar consultas e denúncias apresentadas por entidades representativas ou pessoas jurídicas de direito público ou privado ou por consumidores individuais;

III – prestar aos consumidores orientação permanente sobre seus direitos e garantias;

IV – informar, conscientizar e motivar o consumidor, por intermédio dos diferentes meios de comunicação;

V – solicitar à polícia judiciária a instauração de inquérito para apuração de delito contra o consumidor, nos termos da legislação vigente;

VI – representar ao Ministério Público competente, para fins de adoção de medidas processuais, penais e civis, no âmbito de suas atribuições;

VII – levar ao conhecimento dos órgãos competentes as infrações de ordem administrativa que violarem os interesses difusos, coletivos ou individuais dos consumidores;

VIII – solicitar o concurso de órgãos e entidades da União, dos Estados, do Distrito Federal e dos Municípios, bem como auxiliar na fiscalização de preços, abastecimento, quantidade e segurança de produtos e serviços;

IX – incentivar, inclusive com recursos financeiros e outros programas especiais, a criação de órgãos públicos estaduais e municipais de defesa do consumidor e a formação, pelos cidadãos, de entidades com esse mesmo objetivo;

X – fiscalizar e aplicar as sanções administrativas previstas na Lei nº 8.078, de 1990, e em outras normas pertinentes à defesa do consumidor;

XI – solicitar o concurso de órgãos e entidades de notória especialização técnico-científica para a consecução de seus objetivos;

XII – provocar a Secretaria de Direito Econômico para celebrar convênios e termos de ajustamento de conduta, na forma do § 6º do art. 5º da Lei nº 7.347, de 24 de julho de 1985;

XIII – elaborar e divulgar o cadastro nacional de reclamações fundamentadas contra fornecedores de produtos e serviços, a que se refere o art. 44 da Lei nº 8.078, de 1990;

XIV – desenvolver outras atividades compatíveis com suas finalidades.

Art. 4º No âmbito de sua jurisdição e competência, caberá ao órgão estadual, do Distrito Federal e municipal de proteção e defesa do consumidor, criado, na forma da lei, especificamente para este fim, exercitar as atividades contidas nos incisos II a XII do art. 3º deste Decreto e, ainda:

I – planejar, elaborar, propor, coordenar e executar a política estadual, do Distrito Federal e municipal de proteção e defesa do consumidor, nas suas respectivas áreas de atuação;

II – dar atendimento aos consumidores, processando, regularmente, as reclamações fundamentadas;

III – fiscalizar as relações de consumo;

IV – funcionar, no processo administrativo, como instância de instrução e julgamento, no âmbito de sua competência, dentro das regras fixadas pela Lei nº 8.078, de 1990, pela legislação complementar e por este Decreto;

V – elaborar e divulgar anualmente, no âmbito de sua competência, o cadastro de reclamações fundamentadas contra fornecedores de produtos e serviços, de que trata o art. 44 da Lei nº 8.078, de 1990, e remeter cópia ao DPDC;

VI – desenvolver outras atividades compatíveis com suas finalidades.

Art. 5º Qualquer entidade ou órgão da Administração Pública, federal, estadual e municipal, destinado à defesa dos interesses e direitos do consumidor, tem, no âmbito de suas respectivas competências, atribuição para apurar e punir infrações a este Decreto e à legislação das relações de consumo.

Parágrafo único. Se instaurado mais de um processo administrativo por pessoas jurídicas de direito público distintas, para apuração de infração decorrente de um mesmo fato imputado ao mesmo fornecedor, eventual conflito de competência será dirimido pelo DPDC, que poderá ouvir a Comissão Nacional Permanente de Defesa do Consumidor – CNPDC, levando sempre em consideração a competência federativa para legislar sobre a respectiva atividade econômica.

Art. 6º As entidades e órgãos da Administração Pública destinados à defesa dos interesses e direitos protegidos pelo Código de Defesa do Consumidor poderão celebrar compromissos de ajustamento de conduta às exigências legais, nos termos do § 6º do art. 5º da Lei nº 7.347, de 1985, na órbita de suas respectivas competências.

§ 1º A celebração de termo de ajustamento de conduta não impede que outro, desde que mais vantajoso para o consumidor, seja lavrado por quaisquer das pessoas jurídicas de direito público integrantes do SNDC.

§ 2º A qualquer tempo, o órgão subscritor poderá, diante de novas informações ou se assim as circunstâncias o exigirem, retificar ou complementar o acordo firmado, determinando outras providências que se fizerem necessárias, sob pena de invalidade imediata do ato, dando-se seguimento ao procedimento administrativo eventualmente arquivado.

§ 3º O compromisso de ajustamento conterá, entre outras, cláusulas que estipulem condições sobre:

    I – obrigação do fornecedor de adequar sua conduta às exigências legais, no prazo ajustado

    II – pena pecuniária, diária, pelo descumprimento do ajustado, levando-s em conta os seguintes critérios:

        a) o valor global da operação investigada;

        b) o valor do produto ou serviço em questão;

        c) os antecedentes do infrator;

        d) a situação econômica do infrator;

    III – ressarcimento das despesas de investigação da infração e instrução do procedimento administrativo.

§ 4º A celebração do compromisso de ajustamento suspenderá o curso do processo administrativo, se instaurado, que somente será arquivado após atendidas todas as condições estabelecidas no respectivo termo.

Art. 7º Compete aos demais órgãos públicos federais, estaduais, do Distrito Federal e municipais que passarem a integrar o SNDC fiscalizar as relações de consumo, no âmbito de sua competência, e autuar, na forma da legislação, os responsáveis por práticas que violem os direitos do consumidor.

Art. 8º As entidades civis de proteção e defesa do consumidor, legalmente constituídas, poderão:

    I – encaminhar denúncias aos órgãos públicos de proteção e defesa do consumidor, para as providências legais cabíveis;

    II – representar o consumidor em juízo, observado o disposto no inciso IV do art. 82 da Lei nº 8.078, de 1990;

    III – exercer outras atividades correlatas.

Capítulo III
Da Fiscalização, das Práticas Infrativas e das Penalidades Administrativas

Seção I
Da Fiscalização

Art. 9º A fiscalização das relações de consumo de que tratam a Lei nº 8.078, de 1990, este Decreto e as demais normas de defesa do consumidor será exercida em todo o território nacional pela Secretaria de Direito Econômico do Ministério da

Justiça, por meio do DPDC, pelos órgãos federais integrantes do SNDC, pelos órgãos conveniados com a Secretaria e pelos órgãos de proteção e defesa do consumidor criados pelos Estados, Distrito Federal e Municípios, em suas respectivas áreas de atuação e competência.

Art. 10. A fiscalização de que trata este Decreto será efetuada por agentes fiscais, oficialmente designados, vinculados aos respectivos órgãos de proteção e defesa do consumidor, no âmbito federal, estadual, do Distrito Federal e municipal, devidamente credenciados mediante Cédula de Identificação Fiscal, admitida a delegação mediante convênio.

Art. 11. Sem exclusão da responsabilidade dos órgãos que compõem o SNDC, os agentes de que trata o artigo anterior responderão pelos atos que praticarem quando investidos da ação fiscalizadora.

Seção II
Das Práticas Infrativas

Art. 12. São consideradas práticas infrativa:

I — condicionar o fornecimento de produto ou serviço ao fornecimento de outro produto ou serviço, bem como, sem justa causa, a limites quantitativos;

II — recusar atendimento às demandas dos consumidores na exata medida de sua disponibilidade de estoque e, ainda, de conformidade com os usos e costumes;

III — recusar, sem motivo justificado, atendimento à demanda dos consumidores de serviços;

IV — enviar ou entregar ao consumidor qualquer produto ou fornecer qualquer serviço, sem solicitação prévia;

V — prevalecer-se da fraqueza ou ignorância do consumidor, tendo em vista sua idade, saúde, conhecimento ou condição social, para impingir-lhe seus produtos ou serviços;

VI — exigir do consumidor vantagem manifestamente excessiva;

VII — executar serviços sem a prévia elaboração de orçamento e auto consumidor. ressalvadas as decorrentes de práticas anteriores entre as partes;

VIII — repassar informação depreciativa referente a ato praticado pelo consumidor no exercício de seus direitos;

IX — colocar, no mercado de consumo, qualquer produto ou serviço:

    a) em desacordo com as normas expedidas pelos órgãos oficiais competentes, ou, se normas específicas não existirem, pela Associação

Brasileira de Normas Técnicas — ABNT ou outra entidade credenciada pelo Conselho Nacional de Metrologia, Normalização e Qualidade Industrial — CONMETRO;

b) que acarrete riscos à saúde ou à segurança dos consumidores e sem informações ostensivas e adequadas;

c) em desacordo com as indicações constantes do recipiente, da embalagem, da rotulagem ou mensagem publicitária, respeitadas as variações decorrentes de sua natureza;

d) impróprio ou inadequado ao consumo a que se destina ou que lhe diminua o valor;

X — deixar de reexecutar os serviços, quando cabível, sem custo adicional

XI — deixar de estipular prazo para o cumprimento de sua obrigação ou deixar a fixação ou variação de seu termo inicial a seu exclusivo critério.

Art. 13. Serão consideradas, ainda, práticas infrativas, na forma dos dispositivos da Lei nº 8.078, de 1990:

I — ofertar produtos ou serviços sem as informações corretas, claras, precisa e ostensivas, em língua portuguesa, sobre suas características, qualidade, quantidade, composição, preço, condições de pagamento, juros, encargos, garantia, prazos de validade e origem, entre outros dados relevantes;

II — deixar de comunicar à autoridade competente a periculosidade do produto ou serviço, quando do lançamento dos mesmos no mercado de consumo, ou quando da verificação posterior da existência do risco;

III — deixar de comunicar aos consumidores, por meio de anúncios publicitários, a periculosidade do produto ou serviço, quando do lançamento dos mesmos no mercado de consumo, ou quando da verificação posterior da existência do risco;

IV — deixar de reparar os danos causados aos consumidores por defeitos decorrentes de projetos, fabricação, construção, montagem, manipulação, apresentação ou acondicionamento de seus produtos ou serviços, ou por informações insuficientes ou inadequadas sobre a sua utilização e risco;

V — deixar de empregar componentes de reposição originais, adequados e novos, ou que mantenham as especificações técnicas do fabricante, salvo se existir autorização em contrário do consumidor;

VI — deixar de cumprir a oferta, publicitária ou não, suficientemente precisa, ressalvada a incorreção retificada em tempo hábil ou exclusivamente atribuível ao veículo de comunicação, sem prejuízo, inclusive nessas duas hipóteses, do cumprimento forçado do anunciado ou do ressarcimento de perdas e danos sofridos pelo consumidor, assegurado o direito de regresso do anunciante contra seu segurador ou responsável direto;

VII — omitir, nas ofertas ou vendas eletrônicas, por telefone ou reembolso postal, o nome e endereço do fabricante ou do importador na embalagem, na publicidade e nos impressos utilizados na transação comercial;

VIII — deixar de cumprir, no caso de fornecimento de produtos e serviços, o regime de preços tabelados, congelados, administrados, fixados ou controlados pelo Poder Público;

IX — submeter o consumidor inadimplente a ridículo ou a qualquer tipo de constrangimento ou ameaça;

X — impedir ou dificultar o acesso gratuito do consumidor às informações existentes em cadastros, fichas, registros de dados pessoais e de consumo, arquivados sobre ele, bem como sobre as respectivas fontes;

XI — elaborar cadastros de consumo com dados irreais ou imprecisos;

XII — manter cadastros e dados de consumidores com informações negativas, divergentes da proteção legal;

XIIII — deixar de comunicar, por escrito, ao consumidor a abertura de cadastro, ficha, registro de dados pessoais e de consumo, quando não solicitada por ele;

XIV — deixar de corrigir, imediata e gratuitamente, a inexatidão de dados e cadastros, quando solicitado pelo consumidor;

XV — deixar de comunicar ao consumidor, no prazo de cinco dias úteis, as correções cadastrais por ele solicitadas;

XVI — impedir, dificultar ou negar, sem justa causa, o cumprimento das declarações constantes de escritos particulares, recibos e pré-contratos concernentes às relações de consumo;

XVII — omitir em impressos, catálogos ou comunicações, impedir, dificultar ou negar a desistência contratual, no prazo de até sete dias a contar da assinatura do contrato ou do ato de recebimento do produto ou serviço, sempre que a contratação ocorrer fora do estabelecimento comercial, especialmente por telefone ou a domicílio;

XVIII — impedir, dificultar ou negar a devolução dos valores pagos, monetariamente atualizados, durante o prazo de reflexão, em caso de desistência do contrato pelo consumidor;

XIX — deixar de entregar o termo de garantia, devidamente preenchido com as informações previstas no parágrafo único do art. 50 da Lei nº 8.078, de 1990;

XX — deixar, em contratos que envolvam vendas a prazo ou com cartão de crédito, de informar por escrito ao consumidor, prévia e adequadamente, inclusive nas comunicações publicitárias, o preço do produto ou do serviço em moeda corrente nacional, o montante dos juros de mora e da taxa efetiva anual de juros, os acréscimos legal e contratualmente previstos, o número e a periodicidade das prestações e, com igual destaque, a soma total a pagar, com ou sem financiamento;

XXI — deixar de assegurar a oferta de componentes e peças de reposição, enquanto não cessar a fabricação ou importação do produto, e, caso cessadas, de manter a oferta de componentes e peças de reposição por período razoável de tempo, nunca inferior à vida útil do produto ou serviço;

XXII — propor ou aplicar índices ou formas de reajuste alternativos, bem como fazê-lo em desacordo com aquele que seja legal ou contratualmente permitido;

XXIII — recusar a venda de produto ou a prestação de serviços, publicamente ofertados, diretamente a quem se dispõe a adquiri-los mediante pronto pagamento, ressalvados os casos regulados em leis especiais;

XXIV — deixar de trocar o produto impróprio, inadequado, ou de valor diminuído, por outro da mesma espécie, em perfeitas condições de uso, ou de restituir imediatamente a quantia paga, devidamente corrigida, ou fazer abatimento proporcional do preço, a critério do consumidor.

Art. 14. É enganosa qualquer modalidade de informação ou comunicação de caráter publicitário inteira ou parcialmente falsa, ou, por qualquer outro modo, mesmo por omissão, capaz de induzir a erro o consumidor a respeito da natureza, características, qualidade, quantidade, propriedade, origem, preço e de quaisquer outros dados sobre produtos ou serviços.

§ 1º É enganosa, por omissão, a publicidade que deixar de informar sobre dado essencial do produto ou serviço a ser colocado à disposição dos consumidores.

§ 2º É abusiva, entre outras, a publicidade discriminatória de qualquer natureza, que incite à violência, explore o medo ou a superstição, se aproveite da deficiência de julgamento e da inexperiência da criança, desrespeite valores ambientais, seja capaz de induzir o consumidor a se comportar de forma prejudicial ou perigosa à sua saúde ou segurança, ou que viole normas legais ou regulamentares de controle da publicidade.

§ 3º O ônus da prova da veracidade (não enganosidade) e da correção (não abusividade) da informação ou comunicação publicitária cabe a quem as patrocina.

Art. 15. Estando a mesma empresa sendo acionada em mais de um Estado federado pelo mesmo fato gerador de prática infrativa, a autoridade máxima do sistema estadual poderá remeter o processo ao órgão coordenador do SNDC, que apurará o fato e aplicará as sanções respectivas.

Art. 16. Nos casos de processos administrativos tramitando em mais de um Estado, que envolvam interesses difusos ou coletivos, o DPDC poderá avocá-los, ouvida a Comissão Nacional Permanente de Defesa do Consumidor, bem como as autoridades máximas dos sistemas estaduais.

Art. 17. As práticas infrativas classificam-se em:

I – leves: aquelas em que forem verificadas somente circunstâncias atenuantes;

II – graves: aquelas em que forem verificadas circunstâncias agravantes.

Seção III
Das Penalidades Administrativas

Art. 18. A inobservância das normas contidas na Lei nº 8.078, de 1990, e das demais normas de defesa do consumidor constituirá prática infrativa e sujeitará o fornecedor às seguintes penalidades, que poderão ser aplicadas isolada ou cumulativamente, inclusive de forma cautelar, antecedente ou incidente no processo administrativo, sem prejuízo das de natureza cível, penal e das definidas em normas específicas:

I – multa;
II – apreensão do produto;
III – inutilização do produto;
IV – cassação do registro do produto junto ao órgão competente;
V – proibição de fabricação do produto;
VI – suspensão de fornecimento de produtos ou serviços;
VII – suspensão temporária de atividade;
VIII – revogação de concessão ou permissão de uso;
IX – cassação de licença do estabelecimento ou de atividade;
X – interdição, total ou parcial, de estabelecimento, de obra ou de atividade;
XI – intervenção administrativa;
XII – imposição de contrapropaganda.

§ 1º Responderá pela prática infrativa, sujeitando-se às sanções administrativas previstas neste Decreto, quem por ação ou omissão lhe der causa, concorrer para sua prática ou dela se beneficiar.

§ 2º As penalidades previstas neste artigo serão aplicadas pelos órgãos oficiais integrantes do SNDC, sem prejuízo das atribuições do órgão normativo ou regulador da atividade, na forma da legislação vigente.

§ 3º As penalidades previstas nos incisos III a XI deste artigo sujeitam-se a posterior confirmação pelo órgão normativo ou regulador da atividade, nos limites de sua competência.

Art. 19. Toda pessoa física ou jurídica que fizer ou promover publicidade enganosa ou abusiva ficará sujeita à pena de multa, cumulada com aquelas previstas no artigo anterior, sem prejuízo da competência de outros órgãos administrativos.

Parágrafo único. Incide também nas penas deste artigo o fornecedor que:
- a) deixar de organizar ou negar aos legítimos interessados os dados fáticos, técnicos e científicos que dão sustentação à mensagem publicitária;
- b) veicular publicidade de forma que o consumidor não possa, fácil e imediatamente, identificá-la como tal.

Art. 20. Sujeitam-se à pena de multa os órgãos públicos que, por si ou suas empresas concessionárias, permissionárias ou sob qualquer outra forma de empreendimento, deixarem de fornecer serviços adequados, eficientes, seguros e, quanto aos essenciais, contínuos.

Art. 21. A aplicação da sanção prevista no inciso II do art. 18 terá lugar quando os produtos forem comercializados em desacordo com as especificações técnicas estabelecidas em legislação própria, na Lei nº 8.078, de 1990, e neste Decreto.

§ 1º Os bens apreendidos, a critério da autoridade, poderão ficar sob a guarda do proprietário, responsável, preposto ou empregado que responda pelo gerenciamento do negócio, nomeado fiel depositário, mediante termo próprio, proibida a venda, utilização, substituição, subtração ou remoção, total ou parcial, dos referidos bens.

§ 2º A retirada de produto por parte da autoridade fiscalizadora não poderá incidir sobre quantidade superior àquela necessária à realização da análise pericial.

Art. 22. Será aplicada multa ao fornecedor de produtos ou serviços que, direta ou indiretamente, inserir, fizer circular ou utilizar-se de cláusula abusiva, qualquer que seja a modalidade do contrato de consumo, inclusive nas operações securitárias, bancárias, de crédito direto ao consumidor, depósito, poupança, mútuo ou financiamento, e especialmente quando:
- I – impossibilitar, exonerar ou atenuar a responsabilidade do fornecedor por vícios de qualquer natureza dos produtos e serviços ou implicar renúncia ou disposição de direito do consumidor;
- II – deixar de reembolsar ao consumidor a quantia já paga, nos casos previstos na Lei nº 8.078, de 1990;

III — transferir responsabilidades a terceiros;
IV — estabelecer obrigações consideradas iníquas ou abusivas, que coloquem o consumidor em desvantagem exagerada, incompatíveis com a boa-fé ou a equidade;
V — estabelecer inversão do ônus da prova em prejuízo do consumidor;
VI — determinar a utilização compulsória de arbitragem;
VII — impuser representante para concluir ou realizar outro negócio jurídico pelo consumidor;
VIII — deixar ao fornecedor a opção de concluir ou não o contrato, embora obrigando o consumidor;
IX — permitir ao fornecedor, direta ou indiretamente, variação unilateral do preço, juros, encargos, forma de pagamento ou atualização monetária;
X — autorizar o fornecedor a cancelar o contrato unilateralmente, sem que igual direito seja conferido ao consumidor, ou permitir, nos contratos de longa duração ou de trato sucessivo, o cancelamento sem justa causa e motivação, mesmo que dada ao consumidor a mesma opção;
XI — obrigar o consumidor a ressarcir os custos de cobrança de sua obrigação, sem que igual direito lhe seja conferido contra o fornecedor;
XII — autorizar o fornecedor a modificar unilateralmente o conteúdo ou a qualidade do contrato após sua celebração;
XIII — infringir normas ambientais ou possibilitar sua violação;
XIV — possibilitar a renúncia ao direito de indenização por benfeitorias necessárias;
XV — restringir direitos ou obrigações fundamentais à natureza do contrato, de tal modo a ameaçar o seu objeto ou o equilíbrio contratual;
XVI — onerar excessivamente o consumidor, considerando-se a natureza e o conteúdo do contrato, o interesse das partes e outras circunstâncias peculiares à espécie;
XVII — determinar, nos contratos de compra e venda mediante pagamento em prestações, ou nas alienações fiduciárias em garantia, a perda total das prestações pagas, em benefício do credor que, em razão do inadimplemento, pleitear a resilição do contrato e a retomada do produto alienado, ressalvada a cobrança judicial de perdas e danos comprovadamente sofridos;
XVIII — anunciar, oferecer ou estipular pagamento em moeda estrangeira, salvo nos casos previstos em lei;
XIX — cobrar multas de mora superiores a dois por cento, decorrentes do inadimplemento de obrigação no seu termo, conforme o disposto no

§ 1º do art. 52 da Lei nº 8.078, de 1990, com a redação dada pela Lei nº 9.298, de 1º de agosto de 1996;

XX — impedir, dificultar ou negar ao consumidor a liquidação antecipada do débito, total ou parcialmente, mediante redução proporcional dos juros, encargos e demais acréscimos, inclusive seguro;

XXI — fizer constar do contrato alguma das cláusulas abusivas a que se refere o art. 56 deste Decreto;

XXII — elaborar contrato, inclusive o de adesão, sem utilizar termos claros, caracteres ostensivos e legíveis, que permitam sua imediata e fácil compreensão, destacando-se as cláusulas que impliquem obrigação ou limitação dos direitos contratuais do consumidor, inclusive com a utilização de tipos de letra e cores diferenciados, entre outros recursos gráficos e visuais;

XXIII — que impeça a troca de produto impróprio, inadequado, ou de valor diminuído, por outro da mesma espécie, em perfeitas condições de uso, ou a restituição imediata da quantia paga, devidamente corrigido, ou fazer abatimento proporcional do preço, a critério do consumidor.

Parágrafo único. Dependendo da gravidade da infração prevista nos incisos dos arts. 12, 13 e deste artigo, a pena de multa poderá ser cumulada com as demais previstas no art. 18, sem prejuízo da competência de outros órgãos administrativos.

Art. 23. Os serviços prestados e os produtos remetidos ou entregues ao consumidor, na hipótese prevista no inciso IV do art. 12 deste Decreto, equiparam-se às amostras grátis, inexistindo obrigação de pagamento.

Art. 24. Para a imposição da pena e sua gradação, serão considerados:

I — as circunstâncias atenuantes e agravantes;

II — os antecedentes do infrator, nos termos do art. 28 deste Decreto.

Art. 25. Consideram-se circunstâncias atenuantes:

I — a ação do infrator não ter sido fundamental para a consecução do fato;

II — ser o infrator primário;

III — ter o infrator adotado as providências pertinentes para minimizar ou de imediato reparar os efeitos do ato lesivo.

Art. 26. Consideram-se circunstâncias agravantes:

I — ser o infrator reincidente;

II — ter o infrator, comprovadamente, cometido a prática infrativa para obter vantagens indevidas;

III — trazer a prática infrativa consequências danosas à saúde ou à segurança do consumidor;

IV — deixar o infrator, tendo conhecimento do ato lesivo, de tomar as providências para evitar ou mitigar suas consequências;

V — ter o infrator agido com dolo;
VI — ocasionar a prática infrativa dano coletivo ou ter caráter repetitivo;
VII — ter a prática infrativa ocorrido em detrimento de menor de dezoito ou maior de sessenta anos ou de pessoas portadoras de deficiência física, mental ou sensorial, interditadas ou não;
VIII — dissimular-se a natureza ilícita do ato ou atividade;
IX — ser a conduta infrativa praticada aproveitando-se o infrator de grave crise econômica ou da condição cultural, social ou econômica da vítima, ou, ainda, por ocasião de calamidade.

Art. 27. Considera-se reincidência a repetição de prática infrativa, de qualquer natureza, às normas de defesa do consumidor, punida por decisão administrativa irrecorrível.

Parágrafo único. Para efeito de reincidência, não prevalece a sanção anterior, se entre a data da decisão administrativa definitiva e aquela da prática posterior houver decorrido período de tempo superior a cinco anos.

Art. 28. Observado o disposto no art. 24 deste Decreto pela autoridade competente, a pena de multa será fixada considerando-se a gravidade da prática infrativa, a extensão do dano causado aos consumidores, a vantagem auferida com o ato infrativo e a condição econômica do infrator, respeitados os parâmetros estabelecidos no parágrafo único do art. 57 da Lei nº 8.078, de 1990.

Capítulo IV
Da Destinação da Multa e da Administração dos Recursos

Art. 29. A multa de que trata o inciso I do art. 56 e caput do art. 57 da Lei nº 8.078, de 1990, reverterá para o Fundo pertinente à pessoa jurídica de direito público que impuser a sanção, gerido pelo respectivo Conselho Gestor.

Parágrafo único. As multas arrecadadas pela União e órgãos federais reverterão para o Fundo de Direitos Difusos de que tratam a Lei nº 7.347, de 1985, e Lei nº 9.008, de 21 de março de 1995, gerido pelo Conselho Federal Gestor do Fundo de Defesa dos Direitos Difusos — CFDD. — (http://bit.ly/dIv2Fb)

Art. 30. As multas arrecadadas serão destinadas ao financiamento de projetos relacionados com os objetivos da Política Nacional de Relações de Consumo, com a defesa dos direitos básicos do consumidor e com a modernização administrativa dos órgãos públicos de defesa do consumidor, após aprovação pelo respectivo Conselho Gestor, em cada unidade federativa.

Art. 31. Na ausência de Fundos municipais, os recursos serão depositados no Fundo do respectivo Estado e, faltando este, no Fundo federal.

Parágrafo único. O Conselho Federal Gestor do Fundo de Defesa dos Direitos, Difusos poderá apreciar e autorizar recursos para projetos especiais de órgãos e entidades federais, estaduais e municipais de defesa do consumidor.

Art. 32. Na hipótese de multa aplicada pelo órgão coordenador do SNDC nos casos previstos pelo art. 15 deste Decreto, o Conselho Federal Gestor do FDD restituirá aos fundos dos Estados envolvidos o percentual de até oitenta por cento do valor arrecadado.

Capítulo V
Do Processo Administrativo

Seção I
Das Disposições Gerais

Art. 33. As práticas infrativas às normas de proteção e defesa do consumidor serão apuradas em processo administrativo, que terá início mediante:

I – ato, por escrito, da autoridade competente;

I – lavratura de auto de infração;

III – reclamação.

§ 1º Antecedendo à instauração do processo administrativo, poderá a autoridade competente abrir investigação preliminar, cabendo, para tanto, requisitar dos fornecedores informações sobre as questões investigados, resguardado o segredo industrial, na forma do disposto no § 4º do art. 55 da Lei nº 8.078, de 1990.

§ 2º A recusa à prestação das informações ou o desrespeito às determinações e convocações dos órgãos do SNDC caracterizam desobediência, na forma do art. 330 do Código Penal, ficando a autoridade administrativa com poderes para determinar a imediata cessação da prática, além da imposição das sanções administrativas e civis cabíveis.

Seção II
Da Reclamação

Art. 34. O consumidor poderá apresentar sua reclamação pessoalmente, ou por telegrama carta, telex, fac-símile ou qualquer outro meio de comunicação, a quaisquer dos órgãos oficiais de proteção e defesa do consumidor.

Seção III
Dos Autos de Infração, de Apreensão e do Termo de Depósito

Art. 35. Os Autos de infração, de Apreensão e o Termo de Depósito deverão ser impressos, numerados em série e preenchidos de forma clara e precisa, sem entrelinhas, rasuras ou emendas, mencionando:

I – o Auto de Infração:
   a) o local, a data e a hora da lavratura;
   b) o nome, o endereço e a qualificação do autuado;
   c) a descrição do fato ou do ato constitutivo da infração;
   d) o dispositivo legal infringido;
   e) a determinação da exigência e a intimação para cumpri-la ou impugná-la no prazo de dez dias;
   f) a identificação do agente autuante, sua assinatura, a indicação do seu cargo ou função e o número de sua matrícula;
   g) a designação do órgão julgador e o respectivo endereço;
   h) a assinatura do autuado;

II – o Auto de Apreensão e o Termo de Depósito:
   a) o local, a data e a hora da lavratura;
   b) o nome, o endereço e a qualificação do depositário;
   c) a descrição e a quantidade dos produtos apreendidos;
   d) as razões e os fundamentos da apreensão;
   e) o local onde o produto ficará armazenado;
   f) a quantidade de amostra colhida para análise;
   g) a identificação do agente autuante, sua assinatura, a indicação do seu cargo ou função e o número de sua matrícula;
   h) a assinatura do depositário;
   i) as proibições contidas no § 1º do art. 21 deste Decreto.

Art. 36. Os Autos de Infração, de Apreensão e o Termo de Depósito serão lavrados pelo agente autuante que houver verificado a prática infrativa, preferencialmente no local onde foi comprovada a irregularidade.

Art. 37. Os Autos de Infração, de Apreensão e o Termo de Depósito serão lavrados em impresso próprio, composto de três vias, numeradas tipograficamente.

§ 1º Quando necessário, para comprovação de infração, os Autos serão acompanhados de laudo pericial.

§ 2º Quando a verificação do defeito ou vício relativo à qualidade, oferta e apresentação de produtos não depender de perícia, o agente competente consignará o fato no respectivo Auto.

Art. 38. A assinatura nos Autos de Infração, de Apreensão e no Termo de Depósito, por parte do autuado, ao receber cópias dos mesmos, constitui notificação, sem implicar confissão, para os fins do art. 44 do presente Decreto.

Parágrafo único. Em caso de recusa do autuado em assinar os Autos de Infração, de Apreensão e o Termo de Depósito, o Agente competente consignará o fato nos Autos e no Termo, remetendo-os ao autuado por via postal, com Aviso de Recebimento (AR) ou outro procedimento equivalente, tendo os mesmos efeitos do caput deste artigo.

Seção IV
Da Instauração do Processo Administrativo por Ato de Autoridade Competente

Art. 39. O processo administrativo de que trata o art. 33 deste Decreto poderá ser instaurado mediante reclamação do interessado ou por iniciativa da própria autoridade competente.

Parágrafo único. Na hipótese de a investigação preliminar não resultar em processo administrativo com base em reclamação apresentada por consumidor, deverá este ser informado sobre as razões do arquivamento pela autoridade competente.

Art. 40. O processo administrativo, na forma deste Decreto, deverá, obrigatoriamente, conter:

I – a identificação do infrator;
II – a descrição do fato ou ato constitutivo da infração;
III – os dispositivos legais infringidos;
IV – a assinatura da autoridade competente.

Art. 41. A autoridade administrativa poderá determinar, na forma de ato próprio, constatação preliminar da ocorrência de prática presumida.

Seção V
Da Notificação

Art. 42. A autoridade competente expedirá notificação ao infrator, fixando o prazo de dez dias, a contar da data de seu recebimento, para apresentar defesa, na forma do art. 44 deste Decreto.

§ 1º A notificação, acompanhada de cópia da inicial do processo administrativo a que se refere o art. 40, far-se-á:

I – pessoalmente ao infrator, seu mandatário ou preposto;

II – por carta registrada ao infrator, seu mandatário ou preposto, com Aviso de Recebimento (AR).

§ 2º Quando o infrator, seu mandatário ou preposto não puder ser notificado, pessoalmente ou por via postal, será feita a notificação por edital, a ser afixado nas dependências do órgão respectivo, em lugar público, pelo prazo de dez dias, ou divulgado, pelo menos uma vez, na imprensa oficial ou em jornal de circulação local.

Seção VI
Da Impugnação e do Julgamento do Processo Administrativo

Art. 43. O processo administrativo decorrente de Auto de Infração, de ato de ofício de autoridade competente, ou de reclamação será instruído e julgado na esfera de atribuição do órgão que o tiver instaurado.

Art. 44. O infrator poderá impugnar o processo administrativo, no prazo de dez dias, contados processualmente de sua notificação, indicando em sua defesa:

I – a autoridade julgadora a quem é dirigida;

II – a qualificação do impugnante;

III – as razões de fato e de direito que fundamentam a impugnação;

IV – as provas que lhe dão suporte.

Art. 45. Decorrido o prazo da impugnação, o órgão julgador determinará as diligências cabíveis, podendo dispensar as meramente protelatórias ou irrelevantes, sendo-lhe facultado requisitar do infrator, de quaisquer pessoas físicas ou jurídicas, órgãos ou entidades públicas as necessárias informações, esclarecimentos ou documentos, a serem apresentados no prazo estabelecido.

Art. 46. A decisão administrativa conterá relatório dos fatos, o respectivo enquadramento legal e, se condenatória, a natureza e gradação da pena.

§ 1º A autoridade administrativa competente, antes de julgar o feito, apreciará a defesa e as provas produzidas pelas partes, não estando vinculada ao relatório de sua consultoria jurídica ou órgão similar, se houver.

§ 2º Julgado o processo e fixada a multa, será o infrator notificado para efetuar seu recolhimento no prazo de dez dias ou apresentar recurso.

§ 3º Em caso de provimento do recurso, os valores recolhidos serão devolvidos ao recorrente na forma estabelecida pelo Conselho Gestor do Fundo.

Art. 47. Quando a cominação prevista for a contrapropaganda, o processo poderá ser instruído com indicações técnico-publicitárias, das quais se intimará o autuado, obedecidas, na execução da respectiva decisão, as condições constantes do § 1º do art. 60 da Lei nº 8.078, de 1990.

Seção VII
Das Nulidades

Art. 48. A inobservância de forma não acarretará a nulidade do ato, se não houver prejuízo para a defesa.

Parágrafo único. A nulidade prejudica somente os atos posteriores ao ato declarado nulo e dele diretamente dependentes ou de que sejam consequência, cabendo à autoridade que a declarar indicar tais atos e determinar o adequado procedimento saneador, se for o caso.

Seção VIII
Dos Recursos Administrativos

Art. 49. Das decisões da autoridade competente do órgão público que aplicou a sanção caberá recurso, sem efeito suspensivo, no prazo de dez dias, contados da data da intimação da decisão, a seu superior hierárquico, que proferirá decisão definitiva.

Parágrafo único. No caso de aplicação de multas, o recurso será recebido, com efeito suspensivo, pela autoridade superior.

Art. 50. Quando o processo tramitar no âmbito do DPDC, o julgamento do feito será de responsabilidade do Diretor daquele órgão, cabendo recurso ao titular da Secretaria de Direito Econômico, no prazo de dez dias, contados da data da intimação da decisão, como segunda e última instância recursal.

Art. 51. Não será conhecido o recurso interposto fora dos prazos e condições estabelecidos neste Decreto.

Art. 52. Sendo julgada insubsistente a infração, a autoridade julgadora recorrerá à autoridade imediatamente superior, nos termos fixados nesta Seção, mediante declaração na própria decisão.

Art. 53. A decisão é definitiva quando não mais couber recurso, seja de ordem formal ou material.

Art. 54. Todos os prazos referidos nesta Seção são preclusivos.

Seção IX
Da Inscrição na Dívida Ativa

Art. 55. Não sendo recolhido o valor da multa em trinta dias, será o débito inscrito em dívida ativa do órgão que houver aplicado a sanção, para subsequente cobrança executiva.

Capítulo VI
Do Elenco de Cláusulas Abusivas e do Cadastro de Fornecedores

Seção I
Do Elenco de Cláusulas Abusivas

Art. 56. Na forma do art. 51 da Lei nº 8.078, de 1990, e com o objetivo de orientar o Sistema Nacional de Defesa do Consumidor, a Secretaria de Direito Econômico divulgará, anualmente, elenco complementar de cláusulas contratuais consideradas abusivas, notadamente para o fim de aplicação do disposto no inciso IV do art. 22 deste Decreto.

§ 1º Na elaboração do elenco referido no caput e posteriores inclusões, a consideração sobre a abusividade de cláusulas contratuais se dará de forma genérica e abstrata.

§ 2º O elenco de cláusulas consideradas abusivas tem natureza meramente exemplificativa, não impedindo que outras, também, possam vir a ser assim consideradas pelos órgãos da Administração Pública incumbidos da defesa dos interesses e direitos protegidos pelo Código de Defesa do Consumidor e legislação correlata.

§ 3º A apreciação sobre a abusividade de cláusulas contratuais, para fins de sua inclusão no elenco a que se refere o caput deste artigo, se dará de ofício ou por provocação dos legitimados referidos no art. 82 da Lei nº 8.078, de 1990.

Seção II
Do Cadastro de Fornecedores

Art. 57. Os cadastros de reclamações fundamentadas contra fornecedores constituem instrumento essencial de defesa e orientação dos consumidores, devendo os órgãos públicos competentes assegurar sua publicidade, contabilidade e continuidade, nos termos do art. 44 da Lei nº 8.078, de 1990.

Art. 58. Para os fins deste Decreto, considera-se:

I – cadastro: o resultado dos registros feitos pelos órgãos públicos de defesa do consumidor de todas as reclamações fundamentadas contra fornecedores;

II – reclamação fundamentada: a notícia de lesão ou ameaça a direito de consumidor analisada por órgão público de defesa do consumidor, a requerimento ou de ofício, considerada procedente, por decisão definitiva.

Art. 59. Os órgãos públicos de defesa do consumidor devem providenciar a divulgação periódica dos cadastros atualizados de reclamações fundamentadas contra fornecedores.

§ 1º O cadastro referido no caput deste artigo será publicado, obrigatoriamente, no órgão de imprensa oficial local, devendo a entidade responsável dar-lhe a maior publicidade possível por meio dos órgãos de comunicação, inclusive eletrônica.

§ 2º O cadastro será divulgado anualmente, podendo o órgão responsável fazê-lo em período menor, sempre que julgue necessário, e conterá informações objetivas, claras e verdadeiras sobre o objeto da reclamação, a identificação do fornecedor e o atendimento ou não da reclamação pelo fornecedor.

§ 3º Os cadastros deverão ser atualizados permanentemente, por meio das devidas anotações, não podendo conter informações negativas sobre fornecedores, referentes a período superior a cinco anos, contado da data da intimação da decisão definitiva.

Art. 60. Os cadastros de reclamações fundamentadas contra fornecedores são considerados arquivos públicos, sendo informações e fontes a todos acessíveis, gratuitamente, vedada a utilização abusiva ou, por qualquer outro modo, estranha à defesa e orientação dos consumidores, ressalvada a hipótese de publicidade comparativa.

Art. 61. O consumidor ou fornecedor poderá requerer em cinco dias a contar da divulgação do cadastro e mediante petição fundamentada, a retificação de informação inexata que nele conste, bem como a inclusão de informação omitida, devendo a autoridade competente, no prazo de dez dias úteis, pronunciar-se, motivadamente, pela procedência ou improcedência do pedido.

Parágrafo único: No caso de acolhimento do pedido, a autoridade competente providenciará, no prazo deste artigo, a retificação ou inclusão de informação e sua divulgação, nos termos do § 1º do art. 59 deste Decreto.

Art. 62. Os cadastros específicos de cada órgão público de defesa do consumidor serão consolidados em cadastros gerais, nos âmbitos federal e estadual, aos quais se aplica o disposto nos artigos desta Seção.

Capítulo VII
Das Disposições Gerais

Art. 63. Com base na Lei nº 8.078, de 1990, e legislação complementar, a Secretaria de Direito Econômico poderá expedir atos administrativos, visando à fiel observância das normas de proteção e defesa do consumidor.

Art. 64. Poderão ser lavrados Autos de Comprovação ou Constatação, a fim de estabelecer a situação real de mercado, em determinado lugar e momento, obedecido o procedimento adequado.

Art. 65. Em caso de impedimento à aplicação do presente Decreto, ficam as autoridades competentes autorizadas a requisitar o emprego de força policial.

Art. 66. Este Decreto entra em vigor na data de sua publicação.

Art. 67. Fica revogado o Decreto nº 861, de 9 de julho de 1993.

Brasília, 20 de março de 1997; 176º da Independência e 109º da República.

FERNANDO HENRIQUE CARDOSO
Nelson A. Jobim

Este texto não substitui o publicado no D.O.U. de 21/03/1997

DECRETO REGULAMENTADOR
(http://bit.ly/abH9If)
(Regulamenta a Lei 10.962, de 11 de outubro de 2004 — (http://bit.ly/dkjLOy)
Decreto nº 5.903, de 20 de setembro de 2006.

O PRESIDENTE DA REPÚBLICA, no uso da atribuição que lhe confere o art. 84, inciso IV, da Constituição, e tendo em vista o disposto na Lei nº 8.078, de 11 de setembro de 1990, e na Lei nº 10.962, de 11 de outubro de 2004,

DECRETA:

Art. 1º Este Decreto regulamenta a Lei nº 10.962, de 11 de outubro de 2004, e dispõe sobre as práticas infracionais que atentam contra o direito básico do consumidor de obter informação adequada e clara sobre produtos e serviços, previstas na Lei nº 8.078, de 11 de setembro de 1990.

Art. 2º Os preços de produtos e serviços deverão ser informados adequadamente, de modo a garantir ao consumidor a correção, clareza, precisão, ostensividade e legibilidade das informações prestadas.

§ 1º Para efeito do disposto no **caput** deste artigo, considera-se:

I – correção, a informação verdadeira que não seja capaz de induzir o consumidor em erro;

II – clareza, a informação que pode ser entendida de imediato e com facilidade pelo consumidor, sem abreviaturas que dificultem a sua compreensão, e sem a necessidade de qualquer interpretação ou cálculo;

III – precisão, a informação que seja exata, definida e que esteja física ou visualmente ligada ao produto a que se refere, sem nenhum embaraço físico ou visual interposto;

IV – ostensividade, a informação que seja de fácil percepção, dispensando qualquer esforço na sua assimilação; e

V – legibilidade, a informação que seja visível e indelével.

Art. 3º O preço de produto ou serviço deverá ser informado discriminando-se o total à vista.

Parágrafo único. No caso de outorga de crédito, como nas hipóteses de financiamento ou parcelamento, deverão ser também discriminados:

I – o valor total a ser pago com financiamento;

II – o número, periodicidade e valor das prestações;

III – os juros; e

IV – os eventuais acréscimos e encargos que incidirem sobre o valor do financiamento ou parcelamento.

Art. 4º Os preços dos produtos e serviços expostos à venda devem ficar sempre visíveis aos consumidores enquanto o estabelecimento estiver aberto ao público.

Parágrafo único. A montagem, rearranjo ou limpeza, se em horário de funcionamento, deve ser feito sem prejuízo das informações relativas aos preços de produtos ou serviços expostos à venda.

Art. 5º Na hipótese de afixação de preços de bens e serviços para o consumidor, em vitrines e no comércio em geral, de que trata o inciso I do art. 2º da Lei nº 10.962, de 2004 **(http://bit.ly/dkjLOy)**, a etiqueta ou similar afixada diretamente no produto exposto à venda deverá ter sua face principal voltada ao consumidor, a fim de garantir a pronta visualização do preço, independentemente de solicitação do consumidor ou intervenção do comerciante.

Parágrafo único. Entende-se como similar qualquer meio físico que esteja unido ao produto e gere efeitos visuais equivalentes aos da etiqueta.

Art. 6º Os preços de bens e serviços para o consumidor nos estabelecimentos comerciais de que trata o inciso II do art. 2º da Lei nº 10.962, de 2004, admitem as seguintes modalidades de afixação:

I – direta ou impressa na própria embalagem;

II – de código referencial; ou

III – de código de barras.

§ 1º Na afixação direta ou impressão na própria embalagem do produto, será observado o disposto no art. 5º deste Decreto.

§ 2º A utilização da modalidade de afixação de código referencial deverá atender às seguintes exigências:

I – a relação dos códigos e seus respectivos preços devem estar visualmente unidos e próximos dos produtos a que se referem, e imediatamente perceptível ao consumidor, sem a necessidade de qualquer esforço ou deslocamento de sua parte; e

II – o código referencial deve estar fisicamente ligado ao produto, em contraste de cores e em tamanho suficientes que permitam a pronta identificação pelo consumidor.

§ 3º Na modalidade de afixação de código de barras, deverão ser observados os seguintes requisitos:

I – as informações relativas ao preço à vista, características e código do produto deverão estar a ele visualmente unidas, garantindo a pronta identificação pelo consumidor;

II – a informação sobre as características do item deve compreender o nome, quantidade e demais elementos que o particularizem; e

III – as informações deverão ser disponibilizadas em etiquetas com caracteres ostensivos e em cores de destaque em relação ao fundo.

Art. 7º Na hipótese de utilização do código de barras para apreçamento, os fornecedores deverão disponibilizar, na área de vendas, para consulta de preços pelo consumidor, equipamentos de leitura ótica em perfeito estado de funcionamento.

§ 1º Os leitores óticos deverão ser indicados por cartazes suspensos que informem a sua localização.

§ 2º Os leitores óticos deverão ser dispostos na área de vendas, observada a distância máxima de quinze metros entre qualquer produto e a leitora ótica mais próxima.

§ 3º Para efeito de fiscalização, os fornecedores deverão prestar as informações necessárias aos agentes fiscais mediante disponibilização de croqui da área de vendas, com a identificação clara e precisa da localização dos leitores óticos e a distância que os separa, demonstrando graficamente o cumprimento da distância máxima fixada neste artigo.

Art. 8º A modalidade de relação de preços de produtos expostos e de serviços oferecidos aos consumidores somente poderá ser empregada quando for impossível o uso das modalidades descritas nos arts. 5º e 6º deste Decreto.

§ 1º A relação de preços de produtos ou serviços expostos à venda deve ter sua face principal voltada ao consumidor, de forma a garantir a pronta visualização do preço, independentemente de solicitação do consumidor ou intervenção do comerciante.

§ 2º A relação de preços deverá ser também afixada, externamente, nas entradas de restaurantes, bares, casas noturnas e similares.

Art. 9º Configuram infrações ao direito básico do consumidor à informação adequada e clara sobre os diferentes produtos e serviços, sujeitando o infrator às penalidades previstas na Lei nº 8.078, de 1990, as seguintes condutas:

I – utilizar letras cujo tamanho não seja uniforme ou dificulte a percepção da informação, considerada a distância normal de visualização do consumidor;
II – expor preços com as cores das letras e do fundo idêntico ou semelhante;
III – utilizar caracteres apagados, rasurados ou borrados;
IV – informar preços apenas em parcelas, obrigando o consumidor ao cálculo do total;
V – informar preços em moeda estrangeira, desacompanhados de sua conversão em moeda corrente nacional, em caracteres de igual ou superior destaque;
VI – utilizar referência que deixa dúvida quanto à identificação do item ao qual se refere;
VII – atribuir preços distintos para o mesmo item; e
VIII – expor informação redigida na vertical ou outro ângulo que dificulte a percepção.

Art. 10. A aplicação do disposto neste Decreto dar-se-á sem prejuízo de outras normas de controle incluídas na competência de demais órgãos e entidades federais.

Art. 11. Este Decreto entra em vigor noventa dias após sua publicação.

Brasília, 20 de setembro de 2006; 185º da Independência e 118º da República.

LUIZ INÁCIO LULA DA SILVA
Marcio Thomaz Bastos

Este texto não substitui o publicado no D.O.U. de 21/09/2006.

LEI REGULAMENTADORA
(http://bit.ly/dkjLOy)

Lei nº 10.962, de 11 de outubro de 2004

Condições de oferta e afixação de preços de bens e serviços para o consumidor.

O PRESIDENTE DA REPÚBLICA   Faço saber que o Congresso Nacional decreta e eu sanciono a seguinte Lei:

Art. 1º Esta Lei regula as condições de oferta e afixação de preços de bens e serviços para o consumidor.

Art. 2º São admitidas as seguintes formas de afixação de preços em vendas a varejo para o consumidor:

    I – no comércio em geral, por meio de etiquetas ou similares afixados diretamente nos bens expostos à venda, e em vitrines, mediante divulgação do preço à vista em caracteres legíveis;

    II – em autosserviços, supermercados, hipermercados, mercearias ou estabelecimentos comerciais onde o consumidor tenha acesso direto ao produto, sem intervenção do comerciante, mediante a impressão ou afixação do preço do produto na embalagem, ou a afixação de código referencial, ou ainda, com a afixação de código de barras.

Parágrafo único. Nos casos de utilização de código referencial ou de barras, o comerciante deverá expor, de forma clara e legível, junto aos itens expostos, informação relativa ao preço à vista do produto, suas características e código.

Art. 3º Na impossibilidade de afixação de preços conforme disposto no art. 2º, é permitido o uso de relações de preços dos produtos expostos, bem como dos serviços oferecidos, de forma escrita, clara e acessível ao consumidor.

Art. 4º Nos estabelecimentos que utilizem código de barras para apreçamento, deverão ser oferecidos equipamentos de leitura ótica para consulta de preço pelo consumidor, localizados na área de vendas e em outras de fácil acesso.

§ 1º O regulamento desta Lei definirá, observados, dentre outros critérios ou fatores, o tipo e o tamanho do estabelecimento e a quantidade e a diversidade dos itens de bens e serviços, a área máxima que deverá ser atendida por cada leitora ótica.

§ 2º Para os fins desta Lei, considera-se área de vendas aquela na qual os consumidores têm acesso às mercadorias e serviços oferecidos para consumo no varejo, dentro do estabelecimento.

Art. 5º No caso de divergência de preços para o mesmo produto entre os sistemas de informação de preços utilizados pelo estabelecimento, o consumidor pagará o menor dentre eles.

Art. 6º (VETADO)

Art. 7º Esta Lei entra em vigor na data de sua publicação.

Brasília, 11 de outubro de 2004; 183º da Independência e 116º da República.

LUIZ INÁCIO LULA DA SILVA
Márcio Thomaz Bastos

Este texto não substitui o publicado no D.O.U. de 13/10/2004

DECRETO REGULAMENTADOR
(http://bit.ly/9TJpTn)

Decreto nº 6.523, de 31 de julho de 2008

O PRESIDENTE DA REPÚBLICA, no uso da atribuição que lhe confere o art. 84, inciso IV, da Constituição, e tendo em vista o disposto na Lei nº 8.078, de 11 de setembro de 1990,

DECRETA:

Art. 1º Este Decreto regulamenta a Lei no 8.078, de 11 de setembro de 1990, e fixa normas gerais sobre o Serviço de Atendimento ao Consumidor — SAC por telefone, no âmbito dos fornecedores de serviços regulados pelo Poder Público federal, com vistas à observância dos direitos básicos do consumidor de obter informação adequada e clara sobre os serviços que contratar e de manter-se protegido contra práticas abusivas ou ilegais impostas no fornecimento desses serviços.

Capítulo I
Do Âmbito da Aplicação

Art. 2º Para os fins deste Decreto, compreende-se por SAC o serviço de atendimento telefônico das prestadoras de serviços regulados que tenham como finalidade resolver as demandas dos consumidores sobre informação, dúvida, reclamação, suspensão ou cancelamento de contratos e de serviços.

Parágrafo único. Excluem-se do âmbito de aplicação deste Decreto a oferta e a contratação de produtos e serviços realizadas por telefone.

Capítulo II
Da Acessibilidade do Serviço

Art. 3º As ligações para o SAC serão gratuitas e o atendimento das solicitações e demandas previsto neste Decreto não deverá resultar em qualquer ônus para o consumidor.

Art. 4º O SAC garantirá ao consumidor, no primeiro menu eletrônico, as opções de contato com o atendente, de reclamação e de cancelamento de contratos e serviços.

§ 1º A opção de contatar o atendimento pessoal constará de todas as subdivisões do menu eletrônico.

§ 2º O consumidor não terá a sua ligação finalizada pelo fornecedor antes da conclusão do atendimento.

§ 3º O acesso inicial ao atendente não será condicionado ao prévio fornecimento de dados pelo consumidor.

§ 4º Regulamentação específica tratará do tempo máximo necessário para o contato direto com o atendente, quando essa opção for selecionada.

Art. 5º O SAC estará disponível, ininterruptamente, durante vinte e quatro horas por dia e sete dias por semana, ressalvado o disposto em normas específicas.

Art. 6º O acesso das pessoas com deficiência auditiva ou de fala será garantido pelo SAC, em caráter preferencial, facultado à empresa atribuir número telefônico específico para este fim.

Art. 7º O número do SAC constará de forma clara e objetiva em todos os documentos e materiais impressos entregues ao consumidor no momento da contratação do serviço e durante o seu fornecimento, bem como na página eletrônica da empresa na INTERNET.

Parágrafo único. No caso de empresa ou grupo empresarial que oferte serviços conjuntamente, será garantido ao consumidor o acesso, ainda que por meio de diversos números de telefone, a canal único que possibilite o atendimento de demanda relativa a qualquer um dos serviços oferecidos.

Capítulo III
Da Qualidade do Atendimento

Art. 8º O SAC obedecerá aos princípios da dignidade, boa-fé, transparência, eficiência, eficácia, celeridade e cordialidade.

Art. 9º O atendente, para exercer suas funções no SAC, deve ser capacitado com as habilidades técnicas e procedimentais necessárias para realizar o adequado atendimento ao consumidor, em linguagem clara.

Art. 10. Ressalvados os casos de reclamação e de cancelamento de serviços, o SAC garantirá a transferência imediata ao setor competente para atendimento definitivo da demanda, caso o primeiro atendente não tenha essa atribuição.

§ 1º A transferência dessa ligação será efetivada em até sessenta segundos.

§ 2º Nos casos de reclamação e cancelamento de serviço, não será admitida a transferência da ligação, devendo todos os atendentes possuir atribuições para executar essas funções.

§ 3º O sistema informatizado garantirá ao atendente o acesso ao histórico de demandas do consumidor.

Art. 11. Os dados pessoais do consumidor serão preservados, mantidos em sigilo e utilizados exclusivamente para os fins do atendimento.

Art. 12. É vedado solicitar a repetição da demanda do consumidor após seu registro pelo primeiro atendente.

Art. 13. O sistema informatizado deve ser programado tecnicamente de modo a garantir a agilidade, a segurança das informações e o respeito ao consumidor.

Art. 14. É vedada a veiculação de mensagens publicitárias durante o tempo de espera para o atendimento, salvo se houver prévio consentimento do consumidor.

Capítulo IV
Do Acompanhamento de Demandas

Art. 15. Será permitido o acompanhamento pelo consumidor de todas as suas demandas por meio de registro numérico, que lhe será informado no início do atendimento.

§ 1º Para fins do disposto no *caput*, será utilizada sequência numérica única para identificar todos os atendimentos.

§ 2º O registro numérico, com data, hora e objeto da demanda, será informado ao consumidor e, se por este solicitado, enviado por correspondência ou por meio eletrônico, a critério do consumidor.

§ 3º É obrigatória a manutenção da gravação das chamadas efetuadas para o SAC, pelo prazo mínimo de noventa dias, durante o qual o consumidor poderá requerer acesso ao seu conteúdo.

§ 4º O registro eletrônico do atendimento será mantido à disposição do consumidor e do órgão ou entidade fiscalizadora por um período mínimo de dois anos após a solução da demanda.

Art. 16. O consumidor terá direito de acesso ao conteúdo do histórico de suas demandas, que lhe será enviado, quando solicitado, no prazo máximo de setenta e duas horas, por correspondência ou por meio eletrônico, a seu critério.

Capítulo V
Do Procedimento para a Resolução de Demandas

Art. 17. As informações solicitadas pelo consumidor serão prestadas imediatamente e suas reclamações, resolvidas no prazo máximo de cinco dias úteis a contar do registro.

§ 1º O consumidor será informado sobre a resolução de sua demanda e, sempre que solicitar, ser-lhe-á enviada a comprovação pertinente por correspondência ou por meio eletrônico, a seu critério.

§ 2º A resposta do fornecedor será clara e objetiva e deverá abordar todos os pontos da demanda do consumidor.

§ 3º Quando a demanda versar sobre serviço não solicitado ou cobrança indevida, a cobrança será suspensa imediatamente, salvo se o fornecedor indicar o instrumento por meio do qual o serviço foi contratado e comprovar que o valor é efetivamente devido.

Capítulo VI
Do Pedido de Cancelamento do Serviço

Art. 18. O SAC receberá e processará imediatamente o pedido de cancelamento de serviço feito pelo consumidor.

§ 1º O pedido de cancelamento será permitido e assegurado ao consumidor por todos os meios disponíveis para a contratação do serviço.

§ 2º Os efeitos do cancelamento serão imediatos à solicitação do consumidor, ainda que o seu processamento técnico necessite de prazo, e independe de seu adimplemento contratual.

§ 3º O comprovante do pedido de cancelamento será expedido por correspondência ou por meio eletrônico, a critério do consumidor.

Capítulo VII
Das Disposições Finais

Art. 19. A inobservância das condutas descritas neste Decreto ensejará aplicação das sanções previstas no art. 56 da Lei nº 8.078, de 1990, sem prejuízo das constantes dos regulamentos específicos dos órgãos e entidades reguladoras.

Art. 20. Os órgãos competentes, quando necessário, expedirão normas complementares e específicas para execução do disposto neste Decreto.

Art. 21. Os direitos previstos neste Decreto não excluem outros, decorrentes de regulamentações expedidas pelos órgãos e entidades reguladores, desde que mais benéficos para o consumidor.

Art. 22. Este Decreto entra em vigor em 1º de dezembro de 2008.

Brasília, 31 de julho de 2008; 187º da Independência e 120º da República.

LUIZ INÁCIO LULA DA SILVA
Tarso Genro

Este texto não substitui o publicado no DOU de 01/08/2008

Excertos do Novo Código de Ética Médica

O Código de Ética Médica não está, formalmente, sob o abrigo das normas elencadas na legislação de defesa e proteção do consumidor, entretanto, muito mais do que alguns outros códigos, a relação médico / paciente contempla, no entendimento do autor, relação de consumo. Vislumbramos, de um lado, o médico, como fornecedor de serviço essencial à saúde humana, e de outro o paciente, consumidor dos serviços por ele prestados. Da mesma forma, vislumbramos as organizações que prestam serviços médicos. Assim, julgamos necessário incluir excertos do Código de Ética Médica entre os apêndices desta obra. O leitor que desejar lê-lo na íntegra, poderá acessar a página http://bit.ly/9cvd3N

CONSELHO FEDERAL DE MEDICINA
RESOLUÇÃO CFM Nº 1.931, DE 17 DE SETEMBRO DE 2009
Diário Oficial da União; Poder Executivo, Brasília, DF, 24 set. 2009. Seção I, p. 90-2
Diário Oficial da União; Poder Executivo, Brasília, DF, 13 out. 2009. Seção I, p. 173
– RETIFICAÇÃO
em vigor a partir de 13/04/2010
Aprova o Código de Ética Médica.
O CONSELHO FEDERAL DE MEDICINA, no uso das atribuições conferidas (...)
CONSIDERANDO (...)
  CONSIDERANDO que as normas do Código de Ética Médica devem submeter-se aos dispositivos constitucionais vigentes;

CONSIDERANDO a busca de melhor relacionamento com o paciente e a garantia de maior autonomia à sua vontade; CONSIDERANDO (...), CONSIDERANDO (...) CONSIDERANDO (...),CONSIDERANDO (...)

RESOLVE:

Art. 1º Aprovar o Código de Ética Médica, anexo a esta Resolução, após sua revisão e atualização.

Art. 2º (...), Art. 3º (...).

PREÂMBULO

I – (...)

II – As organizações de prestação de serviços médicos estão sujeitas às normas deste Código.

III – Para o exercício da Medicina, impõe-se a inscrição no Conselho Regional do respectivo Estado, Território ou Distrito Federal.

IV – A fim de garantir o acatamento e a cabal execução deste Código, o médico comunicará ao Conselho Regional de Medicina, com discrição e fundamento, fatos de que tenha conhecimento e que caracterizem possível infração do presente Código e das demais normas que regulam o exercício da Medicina.

V – A fiscalização do cumprimento das normas estabelecidas neste Código é atribuição dos Conselhos de Medicina, das comissões de ética e dos médicos em geral.

VI – (...)

Capítulo I
Princípios Fundamentais

I – A Medicina é uma profissão a serviço da saúde do ser humano e da coletividade e será exercida sem discriminação de nenhuma natureza.

II – O alvo de toda a atenção do médico é a saúde do ser humano, em benefício da qual deverá agir com o máximo de zelo e o melhor de sua capacidade profissional.

III – (...). IV – (...), V – (...).

VI – O médico guardará absoluto respeito pelo ser humano e atuará sempre em seu benefício. Jamais utilizará seus conhecimentos para causar sofrimento físico ou moral, para o extermínio do ser humano ou para permitir e acobertar tentativa contra sua dignidade e integridade.

VII – O médico exercerá sua profissão com autonomia, não sendo obrigado a prestar serviços que contrariem os ditames de sua consciência ou a quem não deseje, excetuadas as situações de ausência de outro médico, em caso de urgência ou emergência, ou quando sua recusa possa trazer danos à saúde do paciente.

VIII – O médico não pode, em nenhuma circunstância ou sob nenhum pretexto, renunciar à sua liberdade profissional, nem permitir quaisquer restrições ou imposições que possam prejudicar a eficiência e a correção de seu trabalho.

IX – A Medicina não pode, em nenhuma circunstância ou forma, ser exercida como comércio.

X – O trabalho do médico não pode ser explorado por terceiros com objetivos de lucro, finalidade política ou religiosa.

XI – O médico guardará sigilo a respeito das informações de que detenha conhecimento no desempenho de suas funções, com exceção dos casos previstos em lei.

XII – O médico empenhar-se-á pela melhor adequação do trabalho ao ser humano, pela eliminação e pelo controle dos riscos à saúde inerentes às atividades laborais.

XIII – O médico comunicará às autoridades competentes quaisquer formas de deterioração do ecossistema, prejudiciais à saúde e à vida.

XIV – O médico empenhar-se-á em melhorar os padrões dos serviços médicos e em assumir sua responsabilidade em relação à saúde pública, à educação sanitária e à legislação referente à saúde.

XV – O médico será solidário com os movimentos de defesa da dignidade profissional, seja por remuneração digna e justa, seja por condições de trabalho compatíveis com o exercício ético-profissional da Medicina e seu aprimoramento técnico-científico.

XVI – Nenhuma disposição estatutária ou regimental de hospital ou de instituição, pública ou privada, limitará a escolha, pelo médico, dos meios cientificamente reconhecidos a serem praticados para o estabelecimento do diagnóstico e da execução do tratamento, salvo quando em benefício do paciente.

XVII – As relações do médico com os demais profissionais devem basear-se no respeito mútuo, na liberdade e na independência de cada um, buscando sempre o interesse e o bem-estar do paciente.

XVIII – O médico terá, para com os colegas, respeito, consideração e solidariedade, sem se eximir de denunciar atos que contrariem os postulados éticos.

XIX — O médico se responsabilizará, em caráter pessoal e nunca presumido, pelos seus atos profissionais, resultantes de relação particular de confiança e executados com diligência, competência e prudência.

XX — A natureza personalíssima da atuação profissional do médico não caracteriza relação de consumo.

XXI — No processo de tomada de decisões profissionais, de acordo com seus ditames de consciência e as previsões legais, o médico aceitará as escolhas de seus pacientes, relativas aos procedimentos diagnósticos e terapêuticos por eles expressos, desde que adequadas ao caso e cientificamente reconhecidas.

XXII — Nas situações clínicas irreversíveis e terminais, o médico evitará a realização de procedimentos diagnósticos e terapêuticos desnecessários e propiciará aos pacientes sob sua atenção todos os cuidados paliativos apropriados.

XXIII — Quando envolvido na produção de conhecimento científico, o médico agirá com isenção e independência, visando ao maior benefício para os pacientes e a sociedade.

XXIV — Sempre que participar de pesquisas envolvendo seres humanos ou qualquer animal, o médico respeitará as normas éticas nacionais, bem como protegerá a vulnerabilidade dos sujeitos da pesquisa.

XXV — Na aplicação dos conhecimentos criados pelas novas tecnologias, considerando-se suas repercussões tanto nas gerações presentes quanto nas futuras, o médico zelará para que as pessoas não sejam discriminadas por nenhuma razão vinculada a herança genética, protegendo-as em sua dignidade, identidade e integridade.

Capítulo II
Direitos dos Médicos

É direito do médico:

I — Exercer a Medicina sem ser discriminado por questões de religião, etnia, sexo, nacionalidade, cor, orientação sexual, idade, condição social, opinião política ou de qualquer outra natureza.

II — Indicar o procedimento adequado ao paciente, observadas as práticas cientificamente reconhecidas e respeitada a legislação vigente.

III — Apontar falhas em normas, contratos e práticas internas das instituições em que trabalhe quando as julgar indignas do exercício da profissão ou prejudiciais a si mesmo, ao paciente ou a terceiros, devendo dirigir-se, nesses casos, aos órgãos competentes e, obrigatoriamente, à comissão de ética e ao Conselho Regional de Medicina de sua jurisdição.

IV – Recusar-se a exercer sua profissão em instituição pública ou privada onde as condições de trabalho não sejam dignas ou possam prejudicar a própria saúde ou a do paciente, bem como a dos demais profissionais. Nesse caso, comunicará imediatamente sua decisão à comissão de ética e ao Conselho Regional de Medicina.

V – Suspender suas atividades, individualmente ou coletivamente, quando a instituição pública ou privada para a qual trabalhe não oferecer condições adequadas para o exercício profissional ou não o remunerar digna e justamente, ressalvadas as situações de urgência e emergência, devendo comunicar imediatamente sua decisão ao Conselho Regional de Medicina.

VI – Internar e assistir seus pacientes em hospitais privados e públicos com caráter filantrópico ou não, ainda que não faça parte do seu corpo clínico, respeitadas as normas técnicas aprovadas pelo Conselho Regional de Medicina da pertinente jurisdição.

VII – Requerer desagravo público ao Conselho Regional de Medicina quando atingido no exercício de sua profissão.

VIII – Decidir, em qualquer circunstância, levando em consideração sua experiência e capacidade profissional, o tempo a ser dedicado ao paciente, evitando que o acúmulo de encargos ou de consultas venha a prejudicá-lo.

IX – Recusar-se a realizar atos médicos que, embora permitidos por lei, sejam contrários aos ditames de sua consciência.

X – Estabelecer seus honorários de forma justa e digna.

Capítulo III
Responsabilidade Profissional

É vedado ao médico:

Art. 1º Causar dano ao paciente, por ação ou omissão, caracterizável como imperícia, imprudência ou negligência.

Parágrafo único. A responsabilidade médica é sempre pessoal e não pode ser presumida.

Art. 2º Delegar a outros profissionais atos ou atribuições exclusivos da profissão médica.

Art. 3º Deixar de assumir responsabilidade sobre procedimento médico que indicou ou do qual participou, mesmo quando vários médicos tenham assistido o paciente.

Art. 4º Deixar de assumir a responsabilidade de qualquer ato profissional que tenha praticado ou indicado, ainda que solicitado ou consentido pelo paciente ou por seu representante legal.

Art. 5º Assumir responsabilidade por ato médico que não praticou ou do qual não participou.

Art. 6º Atribuir seus insucessos a terceiros e a circunstâncias ocasionais, exceto nos casos em que isso possa ser devidamente comprovado.

Art. 7º Deixar de atender em setores de urgência e emergência, quando for de sua obrigação fazê-lo, expondo a risco a vida de pacientes, mesmo respaldado por decisão majoritária da categoria.

Art. 8º Afastar-se de suas atividades profissionais, mesmo temporariamente, sem deixar outro médico encarregado do atendimento de seus pacientes internados ou em estado grave.

Art. 9º Deixar de comparecer a plantão em horário preestabelecido ou abandoná-lo sem a presença de substituto, salvo por justo impedimento.

Parágrafo único. Na ausência de médico plantonista substituto, a direção técnica do estabelecimento de saúde deve providenciar a substituição.

Art. 10. Acumpliciar-se com os que exercem ilegalmente a Medicina ou com profissionais ou instituições médicas nas quais se pratiquem atos ilícitos.

Art. 11. Receitar, atestar ou emitir laudos de forma secreta ou ilegível, sem a devida identificação de seu número de registro no Conselho Regional de Medicina da sua jurisdição, bem como assinar em branco folhas de receituários, atestados, laudos ou quaisquer outros documentos médicos.

Art. 12. Deixar de esclarecer o trabalhador sobre as condições de trabalho que ponham em risco sua saúde, devendo comunicar o fato aos empregadores responsáveis.

Parágrafo único. Se o fato persistir, é dever do médico comunicar o ocorrido às autoridades competentes e ao Conselho Regional de Medicina.

Art. 13. Deixar de esclarecer o paciente sobre as determinantes sociais, ambientais ou profissionais de sua doença.

Art. 14. Praticar ou indicar atos médicos desnecessários ou proibidos pela legislação vigente no País.

Art. 15. Descumprir legislação específica nos casos de transplantes de órgãos ou de tecidos, esterilização, fecundação artificial, abortamento, manipulação ou terapia genética.

§ 1º No caso de procriação medicamente assistida, a fertilização não deve conduzir sistematicamente à ocorrência de embriões supranumerários.

§ 2º O médico não deve realizar a procriação medicamente assistida com nenhum dos seguintes objetivos:

    I – criar seres humanos geneticamente modificados;

    II – criar embriões para investigação;

    III – criar embriões com finalidades de escolha de sexo, eugenia ou para originar híbridos ou quimeras.

§ 3º Praticar procedimento de procriação medicamente assistida sem que os participantes estejam de inteiro acordo e devidamente esclarecidos sobre o mesmo.

Art. 16. Intervir sobre o genoma humano com vista à sua modificação, exceto na terapia gênica, excluindo-se qualquer ação em células germinativas que resulte na modificação genética da descendência.

Art. 17. Deixar de cumprir, salvo por motivo justo, as normas emanadas dos Conselhos Federal e Regionais de Medicina e de atender às suas requisições administrativas, intimações ou notificações no prazo determinado.

Art. 18. Desobedecer aos acórdãos e às resoluções dos Conselhos Federal e Regionais de Medicina ou desrespeitá-los.

Art. 19. Deixar de assegurar, quando investido em cargo ou função de direção, os direitos dos médicos e as demais condições adequadas para o desempenho ético-profissional da Medicina.

Art. 20. Permitir que interesses pecuniários, políticos, religiosos ou de quaisquer outras ordens, do seu empregador ou superior hierárquico ou do financiador público ou privado da assistência à saúde interfiram na escolha dos melhores meios de prevenção, diagnóstico ou tratamento disponíveis e cientificamente reconhecidos no interesse da saúde do paciente ou da sociedade.

Art. 21. Deixar de colaborar com as autoridades sanitárias ou infringir a legislação pertinente.

Capítulo IV
Direitos Humanos

É vedado ao médico:

Art. 22. Deixar de obter consentimento do paciente ou de seu representante legal após esclarecê-lo sobre o procedimento a ser realizado, salvo em caso de risco iminente de morte.

Art. 23. Tratar o ser humano sem civilidade ou consideração, desrespeitar sua dignidade ou discriminá-lo de qualquer forma ou sob qualquer pretexto.

Art. 24. Deixar de garantir ao paciente o exercício do direito de decidir livremente sobre sua pessoa ou seu bem-estar, bem como exercer sua autoridade para limitá-lo.

Art. 25. Deixar de denunciar prática de tortura ou de procedimentos degradantes, desumanos ou cruéis, praticá-las, bem como ser conivente com quem as realize ou fornecer meios, instrumentos, substâncias ou conhecimentos que as facilitem.

Art. 26. Deixar de respeitar a vontade de qualquer pessoa, considerada capaz física e mentalmente, em greve de fome, ou alimentá-la compulsoriamente, devendo cientificá-la das prováveis complicações do jejum prolongado e, na hipótese de risco iminente de morte, tratá-la.

Art. 27. Desrespeitar a integridade física e mental do paciente ou utilizar-se de meio que possa alterar sua personalidade ou sua consciência em investigação policial ou de qualquer outra natureza.

Art. 28. Desrespeitar o interesse e a integridade do paciente em qualquer instituição na qual esteja recolhido, independentemente da própria vontade.

Parágrafo único. Caso ocorram quaisquer atos lesivos à personalidade e à saúde física ou mental dos pacientes confiados ao médico, este estará obrigado a denunciar o fato à autoridade competente e ao Conselho Regional de Medicina.

Art. 29. Participar, direta ou indiretamente, da execução de pena de morte.

Art. 30. Usar da profissão para corromper costumes, cometer ou favorecer crime.

Capítulo V
Relação com Pacientes e Familiares

É vedado ao médico:

Art. 31. Desrespeitar o direito do paciente ou de seu representante legal de decidir livremente sobre a execução de práticas diagnósticas ou terapêuticas, salvo em caso de iminente risco de morte.

Art. 32. Deixar de usar todos os meios disponíveis de diagnóstico e tratamento, cientificamente reconhecidos e a seu alcance, em favor do paciente.

Art. 33. Deixar de atender paciente que procure seus cuidados profissionais em casos de urgência ou emergência, quando não haja outro médico ou serviço médico em condições de fazê-lo.

Art. 34. Deixar de informar ao paciente o diagnóstico, o prognóstico, os riscos e os objetivos do tratamento, salvo quando a comunicação direta possa lhe provocar dano, devendo, nesse caso, fazer a comunicação a seu representante legal.

Art. 35. Exagerar a gravidade do diagnóstico ou do prognóstico, complicar a terapêutica ou exceder-se no número de visitas, consultas ou quaisquer outros procedimentos médicos.

Art. 36. Abandonar paciente sob seus cuidados.

§ 1º Ocorrendo fatos que, a seu critério, prejudiquem o bom relacionamento com o paciente ou o pleno desempenho profissional, o médico tem o direito de renunciar ao atendimento, desde que comunique previamente ao paciente ou a seu representante legal, assegurando-se da continuidade dos cuidados e fornecendo todas as informações necessárias ao médico que lhe suceder.

§ 2º Salvo por motivo justo, comunicado ao paciente ou aos seus familiares, o médico não abandonará o paciente por ser este portador de moléstia crônica ou incurável e continuará a assisti-lo ainda que para cuidados paliativos.

Art. 37. Prescrever tratamento ou outros procedimentos sem exame direto do paciente, salvo em casos de urgência ou emergência e impossibilidade comprovada de realizá-lo, devendo, nesse caso, fazê-lo imediatamente após cessar o impedimento.

Parágrafo único. O atendimento médico a distância, nos moldes da telemedicina ou de outro método, dar-se-á sob regulamentação do Conselho Federal de Medicina.

Art. 38. Desrespeitar o pudor de qualquer pessoa sob seus cuidados profissionais.

Art. 39 Opor-se à realização de junta médica ou segunda opinião solicitada pelo paciente ou por seu representante legal.

Art. 40. Aproveitar-se de situações decorrentes da relação médico-paciente para obter vantagem física, emocional, financeira ou de qualquer outra natureza.

Art. 41. Abreviar a vida do paciente, ainda que a pedido deste ou de seu representante legal.

Parágrafo único. Nos casos de doença incurável e terminal, deve o médico oferecer todos os cuidados paliativos disponíveis sem empreender ações diagnósticas ou terapêuticas inúteis ou obstinadas, levando sempre em consideração a vontade expressa do paciente ou, na sua impossibilidade, a de seu representante legal.

Art. 42. Desrespeitar o direito do paciente de decidir livremente sobre método contraceptivo, devendo sempre esclarecê-lo sobre indicação, segurança, reversibilidade e risco de cada método.

Capítulo VI
Doação e Transplante de Órgãos e Tecidos

É vedado ao médico:

Art. 43. Participar do processo de diagnóstico da morte ou da decisão de suspender meios artificiais para prolongar a vida do possível doador, quando pertencente à equipe de transplante.

Art. 44. Deixar de esclarecer o doador, o receptor ou seus representantes legais sobre os riscos decorrentes de exames, intervenções cirúrgicas e outros procedimentos nos casos de transplantes de órgãos.

Art. 45. Retirar órgão de doador vivo quando este for juridicamente incapaz, mesmo se houver autorização de seu representante legal, exceto nos casos permitidos e regulamentados em lei.

Art. 46. Participar direta ou indiretamente da comercialização de órgãos ou de tecidos humanos.

Capítulo VII
Relação entre Médicos

É vedado ao médico:

Art. 47. (...)., art. 48. (...), Art. 49. (...), Art. 50. (...), Art. 51. (...)

Art. 52. Desrespeitar a prescrição ou o tratamento de paciente, determinados por outro médico, mesmo quando em função de chefia ou de auditoria, salvo em situação de indiscutível benefício para o paciente, devendo comunicar imediatamente o fato ao médico responsável.

Art. 53. Deixar de encaminhar o paciente que lhe foi enviado para procedimento especializado de volta ao médico assistente e, na ocasião, fornecer-lhe as devidas informações sobre o ocorrido no período em que por ele se responsabilizou.

Art. 54. Deixar de fornecer a outro médico informações sobre o quadro clínico de paciente, desde que autorizado por este ou por seu representante legal.

Art. 55. Deixar de informar ao substituto o quadro clínico dos pacientes sob sua responsabilidade ao ser substituído ao fim do seu turno de trabalho.

Art. 56. Utilizar-se de sua posição hierárquica para impedir que seus subordinados atuem dentro dos princípios éticos.

Art. 57. (...)

Capítulo VIII
Remuneração Profissional

É vedado ao médico:

Art. 58. (...), Art. 59. (...), Art. 60. (...)

Art. 61. Deixar de ajustar previamente com o paciente o custo estimado dos procedimentos.

Art. 62. Subordinar os honorários ao resultado do tratamento ou à cura do paciente.

Art. 63. (...)

Art. 64. Agenciar, aliciar ou desviar, por qualquer meio, para clínica particular ou instituições de qualquer natureza, paciente atendido pelo sistema público de saúde ou dele utilizar-se para a execução de procedimentos médicos em sua clínica privada, como forma de obter vantagens pessoais.

Art. 65. Cobrar honorários de paciente assistido em instituição que se destina à prestação de serviços públicos, ou receber remuneração de paciente como complemento de salário ou de honorários.

Art. 66. Praticar dupla cobrança por ato médico realizado.

Parágrafo único. A complementação de honorários em serviço privado pode ser cobrada quando prevista em contrato.

Art. 67. (...)

Art. 68. Exercer a profissão com interação ou dependência de farmácia, indústria farmacêutica, óptica ou qualquer organização destinada à fabricação, manipulação, promoção ou comercialização de produtos de prescrição médica, qualquer que seja sua natureza.

Art. 69. Exercer simultaneamente a Medicina e a Farmácia ou obter vantagem pelo encaminhamento de procedimentos, pela comercialização de medicamentos, órteses, próteses ou implantes de qualquer natureza, cuja compra decorra de influência direta em virtude de sua atividade profissional.

Art. 70. Deixar de apresentar separadamente seus honorários quando outros profissionais participarem do atendimento ao paciente.

Art. 71. Oferecer seus serviços profissionais como prêmio, qualquer que seja sua natureza.

Art. 72. Estabelecer vínculo de qualquer natureza com empresas que anunciam ou comercializam planos de financiamento, cartões de descontos ou consórcios para procedimentos médicos.

Capítulo IX
Sigilo Profissional

É vedado ao médico:

Art. 73. Revelar fato de que tenha conhecimento em virtude do exercício de sua profissão, salvo por motivo justo, dever legal ou consentimento, por escrito, do paciente.

Parágrafo único. Permanece essa proibição:

a) mesmo que o fato seja de conhecimento público ou o paciente tenha falecido;

b) quando de seu depoimento como testemunha. Nessa hipótese, o médico comparecerá perante a autoridade e declarará seu impedimento;

c) na investigação de suspeita de crime, o médico estará impedido de revelar segredo que possa expor o paciente a processo penal.

Art. 74. Revelar sigilo profissional relacionado a paciente menor de idade, inclusive a seus pais ou representantes legais, desde que o menor tenha capacidade de discernimento, salvo quando a não revelação possa acarretar dano ao paciente.

Art. 75. Fazer referência a casos clínicos identificáveis, exibir pacientes ou seus retratos em anúncios profissionais ou na divulgação de assuntos médicos, em meios de comunicação em geral, mesmo com autorização do paciente.

Art. 76. Revelar informações confidenciais obtidas quando do exame médico de trabalhadores, inclusive por exigência dos dirigentes de empresas ou de instituições, salvo se o silêncio puser em risco a saúde dos empregados ou da comunidade.

Art. 77. Prestar informações a empresas seguradoras sobre as circunstâncias da morte do paciente sob seus cuidados, além das contidas na declaração de óbito, salvo por expresso consentimento do seu representante legal.

Art. 78. (...)

Art. 79. Deixar de guardar o sigilo profissional na cobrança de honorários por meio judicial ou extrajudicial.

Capítulo X
Documentos Médicos

É vedado ao médico:

Art. 80. Expedir documento médico sem ter praticado ato profissional que o justifique, que seja tendencioso ou que não corresponda à verdade.

Art. 81. Atestar como forma de obter vantagens.

Art. 82. Usar formulários de instituições públicas para prescrever ou atestar fatos verificados na clínica privada.

Art. 83. Atestar óbito quando não o tenha verificado pessoalmente, ou quando não tenha prestado assistência ao paciente, salvo, no último caso, se o fizer como plantonista, médico substituto ou em caso de necropsia e verificação médico-legal.

Art. 84. Deixar de atestar óbito de paciente ao qual vinha prestando assistência, exceto quando houver indícios de morte violenta.

Art. 85. Permitir o manuseio e o conhecimento dos prontuários por pessoas não obrigadas ao sigilo profissional quando sob sua responsabilidade.

Art. 86. Deixar de fornecer laudo médico ao paciente ou a seu representante legal quando aquele for encaminhado ou transferido para continuação do tratamento ou em caso de solicitação de alta.

Art. 87. Deixar de elaborar prontuário legível para cada paciente.

§ 1º O prontuário deve conter os dados clínicos necessários para a boa condução do caso, sendo preenchido, em cada avaliação, em ordem cronológica com data, hora, assinatura e número de registro do médico no Conselho Regional de Medicina.

§ 2º O prontuário estará sob a guarda do médico ou da instituição que assiste o paciente.

Art. 88. Negar, ao paciente, acesso a seu prontuário, deixar de lhe fornecer cópia quando solicitada, bem como deixar de lhe dar explicações necessárias à sua compreensão, salvo quando ocasionarem riscos ao próprio paciente ou a terceiros.

Art. 89. Liberar cópias do prontuário sob sua guarda, salvo quando autorizado, por escrito, pelo paciente, para atender ordem judicial ou para a sua própria defesa.

§ 1º Quando requisitado judicialmente o prontuário será disponibilizado ao perito médico nomeado pelo juiz.

§ 2º Quando o prontuário for apresentado em sua própria defesa, o médico deverá solicitar que seja observado o sigilo profissional.

Art. 90. Deixar de fornecer cópia do prontuário médico de seu paciente quando de sua requisição pelos Conselhos Regionais de Medicina.

Art. 91. Deixar de atestar atos executados no exercício profissional, quando solicitado pelo paciente ou por seu representante legal.

Capítulo XI
Auditoria e Perícia Médica

É vedado ao médico:

Art. 92. Assinar laudos periciais, auditoriais ou de verificação médico-legal quando não tenha realizado pessoalmente o exame.

Art. 93. Ser perito ou auditor do próprio paciente, de pessoa de sua família ou de qualquer outra com a qual tenha relações capazes de influir em seu trabalho ou de empresa em que atue ou tenha atuado.

Art. 94. Intervir, quando em função de auditor, assistente técnico ou perito, nos atos profissionais de outro médico, ou fazer qualquer apreciação em presença do examinado, reservando suas observações para o relatório.

Art. 95. Realizar exames médico-periciais de corpo de delito em seres humanos no interior de prédios ou de dependências de delegacias de polícia, unidades militares, casas de detenção e presídios.

Art. 96. Receber remuneração ou gratificação por valores vinculados à glosa ou ao sucesso da causa, quando na função de perito ou de auditor.

Art. 97. Autorizar, vetar, bem como modificar, quando na função de auditor ou de perito, procedimentos propedêuticos ou terapêuticos instituídos, salvo, no último caso, em situações de urgência, emergência ou iminente perigo de morte do paciente, comunicando, por escrito, o fato ao médico assistente.

Art. 98. (...)

Parágrafo único. (...)

Capítulo XII
Ensino e Pesquisa Médica

É vedado ao médico:

Art. 99. Participar de qualquer tipo de experiência envolvendo seres humanos com fins bélicos, políticos, étnicos, eugênicos ou outros que atentem contra a dignidade humana.

Art. 100. Deixar de obter aprovação de protocolo para a realização de pesquisa em seres humanos, de acordo com a legislação vigente.

Art. 101. Deixar de obter do paciente ou de seu representante legal o termo de consentimento livre e esclarecido para a realização de pesquisa envolvendo seres humanos, após as devidas explicações sobre a natureza e as consequências da pesquisa.

Parágrafo único. No caso do sujeito de pesquisa ser menor de idade, além do consentimento de seu representante legal, é necessário seu assentimento livre e esclarecido na medida de sua compreensão.

Art. 102. Deixar de utilizar a terapêutica correta, quando seu uso estiver liberado no País.

Parágrafo único. A utilização de terapêutica experimental é permitida quando aceita pelos órgãos competentes e com o consentimento do paciente ou de seu representante legal, adequadamente esclarecidos da situação e das possíveis consequências.

Art. 103. Realizar pesquisa em uma comunidade sem antes informá-la e esclarecê-la sobre a natureza da investigação e deixar de atender ao objetivo de proteção à saúde pública, respeitadas as características locais e a legislação pertinente.

Art. 104. Deixar de manter independência profissional e científica em relação a financiadores de pesquisa médica, satisfazendo interesse comercial ou obtendo vantagens pessoais.

Art. 105. Realizar pesquisa médica em sujeitos que sejam direta ou indiretamente dependentes ou subordinados ao pesquisador.

Art 106. Manter vínculo de qualquer natureza com pesquisas médicas, envolvendo seres humanos, que usem placebo em seus experimentos, quando houver tratamento eficaz e efetivo para a doença pesquisada.

Art. 107. (...), **Art. 108.** (...), **Art. 109.** (...)

Art. 110. Praticar a Medicina, no exercício da docência, sem o consentimento do paciente ou de seu representante legal, sem zelar por sua dignidade e privacidade ou discriminando aqueles que negarem o consentimento solicitado.

Capítulo XIII
Publicidade Médica

É vedado ao médico:

Art. 111. (...), **Art. 112.** (...), **Art. 113.** (...),

Art. 114. Consultar, diagnosticar ou prescrever por qualquer meio de comunicação de massa.

Art. 115. (...), **Art. 116.** (...), **Art. 117.** (...)

Art. 118. Deixar de incluir, em anúncios profissionais de qualquer ordem, o seu número de inscrição no Conselho Regional de Medicina.

Parágrafo único. Nos anúncios de estabelecimentos de saúde devem constar o nome e o número de registro, no Conselho Regional de Medicina, do diretor técnico.

Capítulo XIV
Disposições Gerais

I – (...), II – (...), III – (...)

IV – As omissões deste Código serão sanadas pelo Conselho Federal de Medicina.

Lei de Introdução ao Código Civil
(http://bit.ly/b7MOkr)

NOTA

A Lei de Introdução ao Código Civil -LICC excede o seu nome, porque, no dizer de muitos juristas, deveria se chamar Lei das Leis. Ela não só baliza o Código Civil, mas todas as leis.

DECRETO-LEI Nº 4.657, DE 4 DE SETEMBRO DE 1942.

O Presidente da República, usando da atribuição que lhe confere o artigo 180 da Constituição, decreta:

Art. 1º Salvo disposição contrária, a lei começa a vigorar em todo o país quarenta e cinco dias depois de oficialmente publicada.

§ 1º Nos Estados, estrangeiros, a obrigatoriedade da lei brasileira, quando admitida, se inicia três meses depois de oficialmente publicada. (Vide Lei 2.145, de 1953)

§ 3º Se, antes de entrar a lei em vigor, ocorrer nova publicação de seu texto, destinada a correção, o prazo deste artigo e dos parágrafos anteriores começará a correr da nova publicação.

§ 4º As correções a texto de lei já em vigor consideram-se lei nova.

Art. 2º Não se destinando à vigência temporária, a lei terá vigor até que outra a modifique ou revogue.

§ 1º A lei posterior revoga a anterior quando expressamente o declare, quando seja com ela incompatível ou quando regule inteiramente a matéria de que tratava a lei anterior.

§ 2º A lei nova, que estabeleça disposições gerais ou especiais a par das já existentes, não revoga nem modifica a lei anterior.

§ 3º Salvo disposição em contrário, a lei revogada não se restaura por ter a lei revogadora perdido a vigência.

Art. 3º Ninguém se escusa de cumprir a lei, alegando que não a conhece.

Art. 4º Quando a lei for omissa, o juiz decidirá o caso de acordo com a analogia, os costumes e os princípios gerais de direito.

Art. 5º Na aplicação da lei, o juiz atenderá aos fins sociais a que ela se dirige e às exigências do bem comum.

Art. 6º A Lei em vigor terá efeito imediato e geral, respeitados o ato jurídico perfeito, o direito adquirido e a coisa julgada. (Redação dada pela Lei nº 3.238, de 1º.8.1957)

§ 1º Reputa-se ato jurídico perfeito o já consumado segundo a lei vigente ao tempo em que se efetuou. (Parágrafo incluído pela Lei nº 3.238, de 1º.8.1957)

§ 2º Consideram-se adquiridos assim os direitos que o seu titular, ou alguém por ele, possa exercer, como aqueles cujo começo do exercício tenha termo pré-fixo, ou condição preestabelecida inalterável, a arbítrio de outrem. (Parágrafo incluído pela Lei nº 3.238, de 1º.8.1957)

§ 3º Chama-se coisa julgada ou caso julgado a decisão judicial de que já não caiba recurso. (Parágrafo incluído pela Lei nº 3.238, de 1º.8.1957)

Art. 7º A lei do país em que domiciliada a pessoa determina as regras sobre o começo e o fim da personalidade, o nome, a capacidade e os direitos de família.

§ 1º Realizando-se o casamento no Brasil, será aplicada a lei brasileira quanto aos impedimentos dirimentes e às formalidades da celebração.

§ 2º O casamento de estrangeiros poderá celebrar-se perante autoridades diplomáticas ou consulares do país de ambos os nubentes. (Redação dada pela Lei nº 3.238, de 1º.8.1957)

§ 3º Tendo os nubentes domicílio diverso, regerá os casos de invalidade do matrimônio a lei do primeiro domicílio conjugal.

§ 4º O regime de bens, legal ou convencional, obedece à lei do país em que tiverem os nubentes domicílio, e, se este for diverso, a do primeiro domicílio conjugal.

§ 5º – O estrangeiro casado, que se naturalizar brasileiro, pode, mediante expressa anuência de seu cônjuge, requerer ao juiz, no ato de entrega do decreto de naturalização, se apostile ao mesmo a adoção do regime de comunhão parcial de bens, respeitados os direitos de terceiros e dada esta adoção ao competente registro. (Redação dada pela Lei nº 6.515, de 26.12.1977)

§ 6º O divorcio realizado no estrangeiro, se um ou ambos os cônjuges forem brasileiros, só será reconhecido no Brasil depois de 1 (um) ano da data da sentença, salvo se houver sido antecedida de separação judicial por igual prazo, caso em que a homologação produzirá efeito imediato, obedecidas as condições estabelecidas para a eficácia das sentenças estrangeiras no país. O Superior Tribunal de Justiça, na forma de seu regimento interno, poderá reexaminar, a requerimento do interessado, decisões já proferidas em pedidos de homologação de sentenças estrangeiras de divórcio de brasileiros, a fim de que passem a produzir todos os efeitos legais. (Redação dada pela Lei nº 12.036, de 2009).

§ 7º Salvo o caso de abandono, o domicílio do chefe da família estende-se ao outro cônjuge e aos filhos não emancipados, e o do tutor ou curador aos incapazes sob sua guarda.

§ 8º Quando a pessoa não tiver domicílio, considerar-se-á domiciliada no lugar de sua residência ou naquele em que se encontre.

Art. 8º Para qualificar os bens e regular as relações a eles concernentes, aplicar-se-á a lei do país em que estiverem situados.

§ 1º Aplicar-se-á a lei do país em que for domiciliado o proprietário, quanto aos bens moveis que ele trouxer ou se destinarem a transporte para outros lugares.

§ 2º O penhor regula-se pela lei do domicílio que tiver a pessoa, em cuja posse se encontre a coisa apenhada.

Art. 9º Para qualificar e reger as obrigações, aplicar-se-á a lei do país em que se constituírem.

§ 1º Destinando-se a obrigação a ser executada no Brasil e dependendo de forma essencial, será esta observada, admitidas as peculiaridades da lei estrangeira quanto aos requisitos extrínsecos do ato.

§ 2º A obrigação resultante do contrato reputa-se constituída no lugar em que residir o proponente.

Art. 10. A sucessão por morte ou por ausência obedece à lei do país em que domiciliado o defunto ou o desaparecido, qualquer que seja a natureza e a situação dos bens.

§ 1º A sucessão de bens de estrangeiros, situados no País, será regulada pela lei brasileira em benefício do cônjuge ou dos filhos brasileiros, ou de quem os represente, sempre que não lhes seja mais favorável a lei pessoal do *de cujus*. (Redação dada pela Lei nº 9.047, de 18.5.1995)

§ 2º A lei do domicílio do herdeiro ou legatário regula a capacidade para suceder.

Art. 11. As organizações destinadas a fins de interesse coletivo, como as sociedades e as fundações, obedecem à lei do Estado em que se constituírem.

§ 1º Não poderão, entretanto, ter no Brasil filiais, agências ou estabelecimentos antes de serem os atos constitutivos aprovados pelo Governo brasileiro, ficando sujeitas à lei brasileira.

§ 2º Os Governos estrangeiros, bem como as organizações de qualquer natureza, que eles tenham constituido, dirijam ou hajam investido de funções públicas, não poderão adquirir no Brasil bens imóveis ou susceptíveis de desapropriação.

§ 3º Os Governos estrangeiros podem adquirir a propriedade dos prédios necessários à sede dos representantes diplomáticos ou dos agentes consulares.

Art. 12. É competente a autoridade judiciária brasileira, quando for o réu domiciliado no Brasil ou aqui tiver de ser cumprida a obrigação.

§ 1º Só à autoridade judiciária brasileira compete conhecer das ações, relativas a imóveis situados no Brasil.

§ 2º A autoridade judiciária brasileira cumprirá, concedido o *exequatur* e segundo a forma estabelecida pele lei brasileira, as diligências deprecadas por autoridade estrangeira competente, observando a lei desta, quanto ao objeto das diligências.

Art. 13. A prova dos fatos ocorridos em país estrangeiro rege-se pela lei que nele vigorar, quanto ao ônus e aos meios de produzir-se, não admitindo os tribunais brasileiros provas que a lei brasileira desconheça.

Art. 14. Não conhecendo a lei estrangeira, poderá o juiz exigir de quem a invoca prova do texto e da vigência.

Art. 15. Será executada no Brasil a sentença proferida no estrangeiro, que reúna os seguintes requisitos:

    a) haver sido proferida por juiz competente;
    b) terem sido os partes citadas ou haver-se legalmente verificado à revelia;
    c) ter passado em julgado e estar revestida das formalidades necessárias para a execução no lugar em que foi proferida;
    d) estar traduzida por intérprete autorizado;
    e) ter sido homologada pelo Supremo Tribunal Federal.

Art. 16. Quando, nos termos dos artigos precedentes, se houver de aplicar a lei estrangeira, ter-se-á em vista a disposição desta, sem considerar-se qualquer remissão por ela feita a outra lei.

Art. 17. As leis, atos e sentenças de outro país, bem como quaisquer declarações de vontade, não terão eficácia no Brasil, quando ofenderem a soberania nacional, a ordem pública e os bons costumes.

Art. 18. Tratando-se de brasileiros, são competentes as autoridades consulares brasileiras para lhes celebrar o casamento e os mais atos de Registro Civil e de tabelionato, inclusive o registro de nascimento e de óbito dos filhos de brasileiro ou brasileira nascido no país da sede do Consulado. (Redação dada pela Lei n° 3.238, de 1°.8.1957)

Art. 19. Reputam-se válidos todos os atos indicados no artigo anterior e celebrados pelos cônsules brasileiros na vigência do Decreto-lei n° 4.657, de 4 de setembro de 1942, desde que satisfaçam todos os requisitos legais. (Incluído pela Lei n° 3.238, de 1°.8.1957)

Parágrafo único. No caso em que a celebração desses atos tiver sido recusada pelas autoridades consulares, com fundamento no artigo 18 do mesmo Decreto-lei, ao interessado é facultado renovar o pedido dentro em 90 (noventa) dias contados da data da publicação desta lei. (Incluído pela Lei n° 3.238, de 1°.8.1957)

Rio de Janeiro, 4 de setembro de 1942, 121° da Independência e 54° da República.

GETULIO VARGAS
Alexandre Marcondes Filho
Oswaldo Aranha.

Este texto não substitui o publicado no D.O.U. de 09/09/1942

MINISTÉRIO DA JUSTIÇA
GABINETE DO MINISTRO

Portaria nº 789, de 24 de agosto de 2001

Regula a comunicação, no âmbito do Departamento de Proteção e Defesa do Consumidor — DPDC, relativa à periculosidade de produtos e serviços já introduzidos no mercado de consumo, prevista no art. 10, § 1º da Lei 8078/90.

O Ministro de Estado da Justiça, no uso de suas atribuições e;

Considerando a necessidade de regulamentação, no âmbito do Departamento de Proteção e Defesa do Consumidor — DPDC, do procedimento de chamamento dos consumidores, previsto no artigo 10, § 1º da Lei nº 8.078/90, conhecido como "recall", que possibilite o acompanhamento pelos órgãos do Sistema Nacional de Defesa do Consumidor — SNDC e pela sociedade, deste procedimento;

Considerando o disposto no art. 55 e parágrafos da Lei nº 8.078/90;

Considerando a competência do Departamento de Proteção e Defesa do Consumidor — DPDC, da Secretaria de Direito Econômico — SDE, do Ministério da Justiça — MJ, atribuída pelo artigo 106, inciso I da Lei 8.078/90;

Considerando a organização do Sistema Nacional de Defesa do Consumidor, resolve:

Art. 1º Regulamentar, no âmbito do Departamento de Proteção e Defesa do Consumidor — DPDC, a comunicação determinada pelo art. 10, § 1º da Lei 8.078, de 11 de setembro de 1990, por parte dos fornecedores às autoridades competentes e aos consumidores, referente à periculosidade ou nocividade de produto ou serviço já introduzido no mercado de consumo.

Art. 2º O fornecedor de produtos e serviços que, posteriormente à sua introdução no mercado de consumo, tiver conhecimento da periculosidade ou nocividade que apresentem, deverá imediatamente comunicar o fato, por escrito, ao Departamento de Proteção e Defesa do Consumidor — DPDC, da Secretaria de Direito Econômico — SDE, do Ministério da Justiça, aos PROCONs, bem como a todas as demais autoridades competentes.

§ 1º A comunicação deverá conter, além de outras informações que se fizerem necessárias, as seguintes:

I — identificação do fornecedor do produto ou serviço objeto do chamamento, informando:
   a) Razão Social;
   b) Nome Fantasia;
   c) Ramo de Atividade;
   d) CNPJ/CPF;
   e) Inscrição Estadual;
   f) Endereço, telefone e endereço eletrônico se houver;
II — descrição pormenorizada do defeito detectado, acompanhado das informações técnicas que esclareçam os fatos;
III — descrição dos riscos que o produto ou serviço apresenta, especificando todas as suas implicações.
IV — quantidade de produtos e serviços sujeitos ao defeito e o universo de consumidores que deverá ser atingido pelo chamamento.
V — como estão distribuídos os produtos e serviços objeto do chamamento, colocados no mercado, pelos Estados da Federação;
VI — a data e o modo pelo qual a periculosidade do produto ou serviço foi detectada pelo fornecedor;
VII — quais foram as medidas adotadas para resolver o defeito e sanar o risco;
VIII — descrição pormenorizada do modo de realização da campanha publicitária de informação aos consumidores (Plano de Chamamento), de que trata o artigo 3º desta Portaria, sobre a periculosidade do produto ou serviço, informando:
   a) data de início e de fim da campanha (duração);
   b) meios de comunicação utilizados e frequência de veiculação;
   c) as mensagens veiculadas.
   d) os locais disponibilizados para reparação ou troca do produto ou serviço

§ 2º Caso o fornecedor tenha conhecimento da ocorrência de acidentes decorrentes do defeito do produto ou serviço que originou o chamamento aos consumidores, com danos materiais ou à integridade física, deverá informar ainda:

a) o local e a data destes acidentes;
b) nome, endereço, telefone, endereço eletrônico e demais meios de localização das vítimas de que disponha;
c) descrição dos danos materiais e físicos ocorridos nos acidentes;
d) existência de processos judiciais, decorrentes do acidente, especificando as ações interpostas, o nome dos autores e dos réus, as Comarcas e Varas em que tramitam e os números de cada um dos processos;
e) as providências adotadas em relação aos danos materiais e físicos sofridos pelas vítimas.

§ 3º O DPDC poderá, a qualquer tempo, expedir notificação solicitando informações adicionais ou complementares referentes à comunicação de periculosidade ou nocividade de produto ou serviço e ao Plano de Chamamento, apresentados.

Art. 3º O fornecedor deverá, além da comunicação de que trata o artigo 2º, informar imediatamente aos consumidores, sobre a periculosidade ou nocividade do produto ou serviço por ele colocado no mercado, mediante campanha publicitária que deverá ser feita em todos os locais onde haja consumidores deste produto ou serviço.

§ 1º A campanha publicitária será veiculada na imprensa, rádio e televisão, às expensas do fornecedor do produto ou serviço, e dimensionada de forma suficiente a que atinja o universo de consumidores adquirentes dos produtos ou serviços objeto do chamamento.

§ 2º Os anúncios publicitários deverão informar sobre o defeito que o produto ou serviço apresenta, bem como sobre os riscos decorrentes e suas implicações, as medidas preventivas e corretivas que o consumidor deve tomar e todas as demais informações que visem a resguardar a segurança dos consumidores do produto ou serviço, observado inclusive o disposto no Artigo 17 da Lei nº 8.078, de 11 de setembro de 1990.

§ 3º Para informar aos consumidores sobre a periculosidade ou nocividade do produto ou serviço, além dos anúncios publicitários, poderá o fornecedor utilizar-se de outros instrumentos que entender aplicáveis ao caso, como correspondência, anúncios via internet, avisos por telefone, dentre outros.

Art. 4º O fornecedor deverá apresentar ao DPDC, aos PROCONs e às demais autoridades competentes, relatórios de acompanhamento da campanha de chamamento aos consumidores, com periodicidade mínima de 60 (sessenta) dias, informando, pelo menos, o universo de consumidores atendidos (quantidade de produtos ou serviços efetivamente reparados ou trocados) até aquele momento e sua distribuição pelos Estados da Federação.

§ 1º O DPDC poderá solicitar a apresentação dos relatórios de acompanhamento em periodicidade inferior à estipulada no *caput* deste artigo.

§ 2º O DPDC poderá, a qualquer tempo, expedir notificação solicitando informações adicionais referentes à campanha de chamamento aos consumidores.

Art. 5º Ao término da campanha, deverá o fornecedor apresentar relatório final ao DPDC onde conste, além de outras informações que se fizerem necessárias, as seguintes:

    a) a quantidade de consumidores, tanto em valores numéricos quanto em percentual relativamente ao total, que foram efetivamente atingidos pelo chamamento, em termos globais e por Estados;

    b) a justificativa para o percentual de consumidores eventualmente não atendidos (produtos ou serviços não reparados ou trocados);

    c) identificação da forma pela qual os consumidores tomaram conhecimento do chamamento.

Art. 6º O DPDC poderá determinar, exclusiva ou cumulativamente, a prorrogação ou ampliação da campanha, às expensas do fornecedor, caso entenda que os resultados não foram satisfatórios.

Art. 7º O fornecedor não se desobriga da reparação ou substituição do produto ou serviço mesmo findo o prazo da campanha de chamamento. Art. 8º O não cumprimento às determinações desta portaria sujeitará o fornecedor às sanções previstas na Lei nº 8078/90 e no Decreto nº 2.181/97.

Art. 9º Esta Portaria entra em vigor na data de sua publicação.

JOSÉ GREGORI

Publicado no DO- Nº164 — Seção 1 — Brasília — DF, segunda-feira, 27 de agosto de 2001

CÓDIGO PENAL

Decreto-lei no 2.848, de 7 de dezembro de 1940

Excertos: cópia dos artigos 47, 48 e 60 (http://bit.ly/JJ2D0), aos quais se referem os artigos 77 e 78 do Código de Defesa do Consumidor

Interdição temporária de direitos (Redação dada pela Lei nº 7.209, de 11/07/1984)

Art. 47 – As penas de interdição temporária de direitos são: (Redação dada pela Lei nº 7.209, de 11/07/1984)

   I – proibição do exercício de cargo, função ou atividade pública, bem como de mandato eletivo; (Redação dada pela Lei nº 7.209, de 11/07/1984)

   II – proibição do exercício de profissão, atividade ou ofício que dependam de habilitação especial, de licença ou autorização do poder público; (Redação dada pela Lei nº 7.209, de 11/07/1984)

   III – suspensão de autorização ou de habilitação para dirigir veículo; (Redação dada pela Lei nº 7.209, de 11/07/1984)

   IV – proibição de frequentar determinados lugares. (Incluído pela Lei nº 9.714, de 1998)

Limitação de fim de semana

Art. 48 – A limitação de fim de semana consiste na obrigação de permanecer, aos sábados e domingos, por 5 (cinco) horas diárias, em casa de albergado ou outro estabelecimento adequado. (Redação dada pela Lei nº 7.209, de 11/07/1984)

   Parágrafo único – Durante a permanência poderão ser ministrados ao condenado cursos e palestras ou atribuídas atividades educativas.(Redação dada pela Lei nº 7.209, de 11/07/1984)

Critérios especiais da pena de multa

Art. 60 – Na fixação da pena de multa o juiz deve atender, principalmente, à situação econômica do réu. (Redação dada pela Lei nº 7.209, de 11/07/1984)

§ 1º – A multa pode ser aumentada até o triplo, se o juiz considerar que, em virtude da situação econômica do réu, é ineficaz, embora aplicada no máximo. (Redação dada pela Lei nº 7.209, de 11/07/1984)

Multa substitutiva

§ 2º – A pena privativa de liberdade aplicada, não superior a 6 (seis) meses, pode ser substituída pela de multa, observados os critérios dos incisos II e III do art. 44 deste Código. (Redação dada pela Lei nº 7.209, de 11/07/1984)

PRESIDÊNCIA DA REPÚBLICA
Casa Civil
Subchefia para Assuntos Jurídicos

Lei nº 12.291, de 20 de julho de 2010

Torna obrigatória a manutenção de exemplar do Código de Defesa do Consumidor nos estabelecimentos comerciais e de prestação de serviços.

O PRESIDENTE DA REPÚBLICA Faço saber que o Congresso Nacional decreta e eu sanciono a seguinte Lei:

Art. 1º São os estabelecimentos comerciais e de prestação de serviços obrigados a manter, em local visível e de fácil acesso ao público, 1 (um) exemplar do Código de Defesa do Consumidor.

Art. 2º O não cumprimento do disposto nesta Lei implicará as seguintes penalidades, a serem aplicadas aos infratores pela autoridade administrativa no âmbito de sua atribuição:

I – multa no montante de até R$ 1.064,10 (mil e sessenta e quatro reais e dez centavos);

II – (VETADO); e

III – (VETADO).

Art. 3º Esta Lei entra em vigor na data de sua publicação.

Brasília, 20 de julho de 2010; 189º da Independência e 122º da República.

LUIZ INÁCIO LULA DA SILVA
Luiz Paulo Teles Ferreira Barreto

Crimes contra a Ordem Tributária, Econômica e contra as Relações de Consumo
(http://bit.ly/9DEpIT)

Lei nº 8.137, de 27 de dezembro de 1990

Vide Lei 9.249, de 1995

O PRESIDENTE DA REPÚBLICA, faço saber que o Congresso Nacional decreta e eu sanciono a seguinte lei:

Capítulo I
Dos Crimes Contra a Ordem Tributária

Art. 1º Constitui crime contra a ordem tributária suprimir ou reduzir tributo, ou contribuição social e qualquer acessório, mediante as seguintes condutas: (Vide Lei nº 9.964, de 10/04/2000)

  I – omitir informação, ou prestar declaração falsa às autoridades fazendárias;
  II – fraudar a fiscalização tributária, inserindo elementos inexatos, ou omitindo operação de qualquer natureza, em documento ou livro exigido pela lei fiscal;
  III – falsificar ou alterar nota fiscal, fatura, duplicata, nota de venda, ou qualquer outro documento relativo à operação tributável;
  IV – elaborar, distribuir, fornecer, emitir ou utilizar documento que saiba ou deva saber falso ou inexato;
  V – negar ou deixar de fornecer, quando obrigatório, nota fiscal ou documento equivalente, relativa a venda de mercadoria ou prestação de serviço, efetivamente realizada, ou fornecê-la em desacordo com a legislação.

Pena - Reclusão de 2 (dois) a 5 (cinco) anos, e multa.

Parágrafo único. A falta de atendimento da exigência da autoridade, no prazo de 10 (dez) dias, que poderá ser convertido em horas em razão da maior ou menor complexidade da matéria ou da dificuldade quanto ao atendimento da exigência, caracteriza a infração prevista no inciso V.

Art. 2º Constitui crime da mesma natureza: (Vide Lei nº 9.964, de 10/04/2000)

I – fazer declaração falsa ou omitir declaração sobre rendas, bens ou fatos, ou empregar outra fraude, para eximir-se, total ou parcialmente, de pagamento de tributo;

II – deixar de recolher, no prazo legal, valor de tributo ou de contribuição social, descontado ou cobrado, na qualidade de sujeito passivo de obrigação e que deveria recolher aos cofres públicos;

III – exigir, pagar ou receber, para si ou para o contribuinte beneficiário, qualquer percentagem sobre a parcela dedutível ou deduzida de imposto ou de contribuição como incentivo fiscal;

IV – deixar de aplicar, ou aplicar em desacordo com o estatuído, incentivo fiscal ou parcelas de imposto liberadas por órgão ou entidade de desenvolvimento;

V – utilizar ou divulgar programa de processamento de dados que permita ao sujeito passivo da obrigação tributária possuir informação contábil diversa daquela que é, por lei, fornecida à Fazenda Pública.

Pena - Detenção, de 6 (seis) meses a 2 (dois) anos, e multa.

Seção II
Dos crimes praticados por funcionários públicos

Art. 3º Constitui crime funcional contra a ordem tributária, além dos previstos no Decreto-Lei nº 2.848, de 7 de dezembro de 1940 - Código Penal (Título XI, Capítulo I):

I – extraviar livro oficial, processo fiscal ou qualquer documento, de que tenha a guarda em razão da função; sonegá-lo, ou inutilizá-lo, total ou parcialmente, acarretando pagamento indevido ou inexato de tributo ou contribuição social;

II – exigir, solicitar ou receber, para si ou para outrem, direta ou indiretamente, ainda que fora da função ou antes de iniciar seu exercício, mas em razão dela, vantagem indevida; ou aceitar promessa de tal vantagem, para deixar de lançar ou cobrar tributo ou contribuição social, ou cobrá-los parcialmente. Pena – reclusão, de 3 (três) a 8 (oito) anos, e multa.

III – patrocinar, direta ou indiretamente, interesse privado perante a administração fazendária, valendo-se da qualidade de funcionário público. Pena – reclusão, de 1 (um) a 4 (quatro) anos, e multa.

Capítulo II
Dos crimes Contra a Economia e as Relações de Consumo

Art. 4º Constitui crime contra a ordem econômica:

I – abusar do poder econômico, dominando o mercado ou eliminando, total ou parcialmente, a concorrência mediante:
   a) ajuste ou acordo de empresas;
   b) aquisição de acervos de empresas ou cotas, ações, títulos ou direitos;
   c) coalizão, incorporação, fusão ou integração de empresas;
   d) concentração de ações, títulos, cotas, ou direitos em poder de empresa, empresas coligadas ou controladas, ou pessoas físicas;
   e) cessação parcial ou total das atividades da empresa;
   f) impedimento à constituição, funcionamento ou desenvolvimento de empresa concorrente.

II – formar acordo, convênio, ajuste ou aliança entre ofertantes, visando:
   a) à fixação artificial de preços ou quantidades vendidas ou produzidas;
   b) ao controle regionalizado do mercado por empresa ou grupo de empresas;
   c) ao controle, em detrimento da concorrência, de rede de distribuição ou de fornecedores.

III – discriminar preços de bens ou de prestação de serviços por ajustes ou acordo de grupo econômico, com o fim de estabelecer monopólio, ou de eliminar, total ou parcialmente, a concorrência;

IV – açambarcar, sonegar, destruir ou inutilizar bens de produção ou de consumo, com o fim de estabelecer monopólio ou de eliminar, total ou parcialmente, a concorrência;

V – provocar oscilação de preços em detrimento de empresa concorrente ou vendedor de matéria-prima, mediante ajuste ou acordo, ou por outro meio fraudulento;

VI – vender mercadorias abaixo do preço de custo, com o fim de impedir a concorrência;

VII – elevar sem justa causa o preço de bem ou serviço, valendo-se de posição dominante no mercado. (Redação dada pela Lei nº 8.884, de 11/06/1994)

Pena – Reclusão, de 2 (dois) a 5 (cinco) anos, ou multa.

Art. 5º Constitui crime da mesma natureza:

I – exigir exclusividade de propaganda, transmissão ou difusão de publicidade, em detrimento de concorrência;

II – subordinar a venda de bem ou a utilização de serviço à aquisição de outro bem, ou ao uso de determinado serviço;

III – sujeitar a venda de bem ou a utilização de serviço à aquisição de quantidade arbitrariamente determinada;

IV – recusar-se, sem justa causa, o diretor, administrador, ou gerente de empresa a prestar à autoridade competente ou prestá-la de modo inexato, informando sobre o custo de produção ou preço de venda.

Pena – Detenção, de 2 (dois) a 5 (cinco) anos, ou multa.

Parágrafo único. A falta de atendimento da exigência da autoridade, no prazo de 10 (dez) dias, que poderá ser convertido em horas em razão da maior ou menor complexidade da matéria ou da dificuldade quanto ao atendimento da exigência, caracteriza a infração prevista no inciso IV.

Art. 6º Constitui crime da mesma natureza:

I – vender ou oferecer à venda mercadoria, ou contratar ou oferecer serviço, por preço superior ao oficialmente tabelado, ao regime legal de controle;

II – aplicar fórmula de reajustamento de preços ou indexação de contrato proibida, ou diversa daquela que for legalmente estabelecida, ou fixada por autoridade competente;

III – exigir, cobrar ou receber qualquer vantagem ou importância adicional de preço tabelado, congelado, administrado, fixado ou controlado pelo Poder Público, inclusive por meio da adoção ou de aumento de taxa ou outro percentual, incidente sobre qualquer contratação. Pena – detenção, de 1 (um) a 4 (quatro) anos, ou multa.

Art. 7º Constitui crime contra as relações de consumo:

I – favorecer ou preferir, sem justa causa, comprador ou freguês, ressalvados os sistemas de entrega ao consumo por intermédio de distribuidores ou revendedores;

II – vender ou expor à venda mercadoria cuja embalagem, tipo, especificação, peso ou composição esteja em desacordo com as prescrições legais, ou que não corresponda à respectiva classificação oficial;

III – misturar gêneros e mercadorias de espécies diferentes, para vendê-los ou expô-los à venda como puros; misturar gêneros e mercadorias de qualidades desiguais para vendê-los ou expô-los à venda por preço estabelecido para os demais mais alto custo;

IV — fraudar preços por meio de:
   a) alteração, sem modificação essencial ou de qualidade, de elementos tais como denominação, sinal externo, marca, embalagem, especificação técnica, descrição, volume, peso, pintura ou acabamento de bem ou serviço;
   b) divisão em partes de bem ou serviço, habitualmente oferecido à venda em conjunto;
   c) junção de bens ou serviços, comumente oferecidos à venda em separado;
   d) aviso de inclusão de insumo não empregado na produção do bem ou na prestação dos serviços;

V — elevar o valor cobrado nas vendas a prazo de bens ou serviços, mediante a exigência de comissão ou de taxa de juros ilegais;

VI — sonegar insumos ou bens, recusando-se a vendê-los a quem pretenda comprá-los nas condições publicamente ofertadas, ou retê-los para o fim de especulação;

VII — induzir o consumidor ou usuário a erro, por via de indicação ou afirmação falsa ou enganosa sobre a natureza, qualidade do bem ou serviço, utilizando-se de qualquer meio, inclusive a veiculação ou divulgação publicitária;

VIII — destruir, inutilizar ou danificar matéria-prima ou mercadoria, com o fim de provocar alta de preço, em proveito próprio ou de terceiros;

IX — vender, ter em depósito para vender ou expor à venda ou, de qualquer forma, entregar matéria-prima ou mercadoria, em condições impróprias ao consumo;

Pena — Detenção, de 2 (dois) a 5 (cinco) anos, ou multa.

Parágrafo único. Nas hipóteses dos incisos II, III e IX pune-se a modalidade culposa, reduzindo-se a pena e a detenção de 1/3 (um terço) ou a de multa à quinta parte.

Capítulo III
Das Multas

Art. 8º Nos crimes definidos nos arts. 1º a 3º desta lei, a pena de multa será fixada entre 10 (dez) e 360 (trezentos e sessenta) dias-multa, conforme seja necessário e suficiente para reprovação e prevenção do crime.

Parágrafo único. O dia-multa será fixado pelo juiz em valor não inferior a 14 (quatorze) nem superior a 200 (duzentos) Bônus do Tesouro Nacional BTN.

Art. 9º A pena de detenção ou reclusão poderá ser convertida em multa de valor equivalente a:

I – 200.000 (duzentos mil) até 5.000.000 (cinco milhões) de BTN, nos crimes definidos no art. 4º;

II – 5.000 (cinco mil) até 200.000 (duzentos mil) BTN, nos crimes definidos nos arts. 5º e 6º;

III – 50.000 (cinqüenta mil) até 1.000.000 (um milhão de BTN), nos crimes definidos no art. 7º.

Art. 10. Caso o juiz, considerado o ganho ilícito e a situação econômica do réu, verifique a insuficiência ou excessiva onerosidade das penas pecuniárias previstas nesta lei, poderá diminuí-las até a décima parte ou elevá-las ao décuplo.

Capítulo IV
Das Disposições Gerais

Art. 11. Quem, de qualquer modo, inclusive por meio de pessoa jurídica, concorre para os crimes definidos nesta lei, incide nas penas a estes cominadas, na medida de sua culpabilidade.

Parágrafo único. Quando a venda ao consumidor for efetuada por sistema de entrega ao consumo ou por intermédio de outro em que o preço ao consumidor é estabelecido ou sugerido pelo fabricante ou concedente, o ato por este praticado não alcança o distribuidor ou revendedor.

Art. 12. São circunstâncias que podem agravar de 1/3 (um terço) até a metade as penas previstas nos arts. 1º, 2º e 4º a 7º:

I – ocasionar grave dano à coletividade;

II – ser o crime cometido por servidor público no exercício de suas funções;

III – ser o crime praticado em relação à prestação de serviços ou ao comércio de bens essenciais à vida ou à saúde.

Art. 13. (Vetado).

Art. 14 – Revogado pela Lei nº 8.383, de 30.12.1991

Art. 15. Os crimes previstos nesta lei são de ação penal pública, aplicando-se-lhes o disposto no art. 100 do Decreto-Lei nº 2.848, de 7 de dezembro de 1940 – Código Penal.

Art. 16. Qualquer pessoa poderá provocar a iniciativa do Ministério Público nos crimes descritos nesta lei, fornecendo-lhe por escrito informações sobre o fato e a autoria, bem como indicando o tempo, o lugar e os elementos de convicção

Parágrafo único. Nos crimes previstos nesta Lei, cometidos em quadrilha ou co-autoria, o co-autor ou partícipe que através de confissão espontânea revelar à autoridade policial ou judicial toda a trama delituosa terá a sua pena reduzida de um a dois terços. (Parágrafo incluído pela Lei nº 9.080, de 19.7.1995)

Art. 17. Compete ao Departamento Nacional de Abastecimento e Preços, quando e se necessário, providenciar a desapropriação de estoques, a fim de evitar crise no mercado ou colapso no abastecimento.

Art. 18 — Revogado pela Lei nº 8.176, de 8.2.1991

Art. 19. O caput do art. 172 do Decreto-Lei nº 2.848, de 7 de dezembro de 1940 — Código Penal, passa a ter a seguinte redação:

"Art. 172. Emitir fatura, duplicata ou nota de venda que não corresponda à mercadoria vendida, em quantidade ou qualidade, ou ao serviço prestado.

Pena — detenção, de 2 (dois) a 4 (quatro) anos, e multa".

Art. 20. O § 1º do art. 316 do Decreto-Lei nº 2 848, de 7 de dezembro de 1940 Código Penal, passa a ter a seguinte redação:

"Art. 316. ....

§ 1º Se o funcionário exige tributo ou contribuição social que sabe ou deveria saber indevido, ou, quando devido, emprega na cobrança meio vexatório ou gravoso, que a lei não autoriza;

Pena — Reclusão, de 3 (três) a 8 (oito) anos, e multa".

Art. 21. O art. 318 do Decreto-Lei nº 2.848, de 7 de dezembro de 1940 Código Penal, quanto à fixação da pena, passa a ter a seguinte redação:

"Art. 318. ....

Pena — Reclusão, de 3 (três) a 8 (oito) anos, e multa".

Art. 22. Esta lei entra em vigor na data de sua publicação.

Art. 23. Revogam-se as disposições em contrário e, em especial, o art. 279 do Decreto-Lei nº 2.848, de 7 de dezembro de 1940 — Código Penal.

Brasília, 27 de dezembro de 1990; 169º da Independência e 102º da República.

FERNANDO COLLOR
Jarbas Passarinho
Zélia M. Cardoso de Mello

Este texto não substitui o publicado no D.O.U. de 28/12/1990

LEI DAS ANUIDADES ESCOLARES
(http://bit.ly/d53Rx4)

Lei n° 9.870, de 23 de novembro de 1999

O PRESIDENTE DA REPÚBLICA Faço saber que o Congresso Nacional decreta e eu sanciono a seguinte Lei:

Art. 1° O valor das anuidades ou das semestralidades escolares do ensino pré-escolar, fundamental, médio e superior, será contratado, nos termos desta Lei, no ato da matrícula ou da sua renovação, entre o estabelecimento de ensino e o aluno, o pai do aluno ou o responsável.

§ 1° O valor anual ou semestral referido no *caput* deste artigo deverá ter como base a última parcela da anuidade ou da semestralidade legalmente fixada no ano anterior, multiplicada pelo número de parcelas do período letivo.

§ 2° (VETADO)

§ 3° Poderá ser acrescido ao valor total anual de que trata o § 1° montante proporcional à variação de custos a título de pessoal e de custeio, comprovado mediante apresentação de planilha de custo, mesmo quando esta variação resulte da introdução de aprimoramentos no processo didático-pedagógico. (Incluído pela Medida Provisória n° 2.173-24, 23/08/2001)

§ 4° A planilha de que trata o § 3° será editada em ato do Poder Executivo. (Incluído pela Medida Provisória n° 2.173-24, 23/08/2001)

§ 5° O valor total, anual ou semestral, apurado na forma dos parágrafos precedentes terá vigência por um ano e será dividido em doze ou seis parcelas mensais iguais, facultada a apresentação de planos de pagamento alternativos, desde que não excedam ao valor total anual ou semestral apurado na forma dos parágrafos anteriores. (Renumerado pela Medida Provisória n° 2.173-24, 23/08/2001)

§ 6º Será nula, não produzindo qualquer efeito, cláusula contratual de revisao ou reajustamento do valor das parcelas da anuidade ou semestralidade escolar em prazo inferior a um ano a contar da data de sua fixação, salvo quando expressamente prevista em lei. (Renumerado pela Medida Provisória nº 2.173-24, 23/08/2001)

Art. 2º O estabelecimento de ensino deverá divulgar, em local de fácil acesso ao público, o texto da proposta de contrato, o valor apurado na forma do art. 1º e o número de vagas por sala-classe, no período mínimo de quarenta e cinco dias antes da data final para matrícula, conforme calendário e cronograma da instituição de ensino.

Parágrafo único (VETADO)

Art. 3º (VETADO)

Art. 4º A Secretaria de Direito Econômico do Ministério da Justiça, quando necessário, poderá requerer, nos termos da Lei no 8.078, de 11 de setembro de 1990, e no âmbito de suas atribuições, comprovação documental referente a qualquer cláusula contratual, exceto dos estabelecimentos de ensino que tenham firmado acordo com alunos, pais de alunos ou associações de pais e alunos, devidamente legalizadas, bem como quando o valor arbitrado for decorrente da decisão do mediador.

Parágrafo único. Quando a documentação apresentada pelo estabelecimento de ensino não corresponder às condições desta Lei, o órgão de que trata este artigo poderá tomar, dos interessados, termo de compromisso, na forma da legislação vigente.

Art. 5º Os alunos já matriculados, salvo quando inadimplentes, terão direito à renovação das matrículas, observado o calendário escolar da instituição, o regimento da escola ou cláusula contratual.

Art. 6º São proibidas a suspensão de provas escolares, a retenção de documentos escolares ou a aplicação de quaisquer outras penalidades pedagógicas por motivo de inadimplemento, sujeitando-se o contratante, no que couber, às sanções legais e administrativas, compatíveis com o Código de Defesa do Consumidor, e com os arts. 177 e 1.092 do Código Civil Brasileiro, caso a inadimplência perdure por mais de noventa dias.

§ 1º O desligamento do aluno por inadimplência somente poderá ocorrer ao final do ano letivo ou, no ensino superior, ao final do semestre letivo quando a instituição adotar o regime didático semestral. (Incluído pela Medida Provisória nº 2.173-24, 23/08/2001)

§ 2º Os estabelecimentos de ensino fundamental, médio e superior deverão expedir, a qualquer tempo, os documentos de transferência de seus alunos, independentemente de sua adimplência ou da adoção de procedimentos legais de cobranças judiciais. (Renumerado pela Medida Provisória nº 2.173-24, 23/08/2001)

§ 3º São asseguradas em estabelecimentos públicos de ensino fundamental e médio as matrículas dos alunos, cujos contratos, celebrados por seus pais ou responsáveis para a prestação de serviços educacionais, tenham sido suspensos em virtude de inadimplemento, nos termos do *caput* deste artigo. (Renumerado pela Medida Provisória nº 2.173-24, 23/08/2001)

§ 4º Na hipótese de os alunos a que se refere o § 2º, ou seus pais ou responsáveis, não terem providenciado a sua imediata matrícula em outro estabelecimento de sua livre escolha, as Secretarias de Educação estaduais e municipais deverão providenciá-la em estabelecimento de ensino da rede pública, em curso e série correspondentes aos cursados na escola de origem, de forma a garantir a continuidade de seus estudos no mesmo período letivo e a respeitar o disposto no inciso V do art. 53 do Estatuto da Criança e do Adolescente. (Renumerado pela Medida Provisória nº 2.173-24, 23/08/2001)

Art. 7º São legitimados à propositura das ações previstas na Lei nº 8.078, de 1990, para a defesa dos direitos assegurados por esta Lei e pela legislação vigente, as associações de alunos, de pais de alunos e responsáveis, sendo indispensável, em qualquer caso, o apoio de, pelo menos, vinte por cento dos pais de alunos do estabelecimento de ensino ou dos alunos, no caso de ensino superior.

Art. 8º O art. 39 da Lei nº 8.078, de 1990, passa a vigorar acrescido do seguinte inciso:

"XIII — aplicar fórmula ou índice de reajuste diverso do legal ou contratualmente estabelecido."

Art. 9º A Lei no 9.131, de 24 de novembro de 1995, passa a vigorar acrescida dos seguintes artigos:

"Art. 7º-A. As pessoas jurídicas de direito privado, mantenedoras de instituições de ensino superior, previstas no inciso II do art. 19 da Lei nº 9.394, de 20 de dezembro de 1996, poderão assumir qualquer das formas admitidas em direito, de natureza civil ou comercial e, quando constituídas como fundações, serão regidas pelo disposto no art. 24 do Código Civil Brasileiro.

Parágrafo único. Quaisquer alterações estatutárias na entidade mantenedora, devidamente averbadas pelos órgãos competentes, deverão ser comunicadas ao Ministério da Educação, para as devidas providências.

Art. 7º-B. As entidades mantenedoras de instituições de ensino superior, sem finalidade lucrativa, deverão:

    I — elaborar e publicar em cada exercício social demonstrações financeiras, com o parecer do conselho fiscal, ou órgão similar;

    II — manter escrituração completa e regular de todos os livros fiscais, na forma da legislação pertinente, bem como de quaisquer outros atos ou operações que venham a modificar sua situação patrimonial, em livros revestidos de formalidades que assegurem a respectiva exatidão;

III — conservar em boa ordem, pelo prazo de cinco anos, contado da data de emissão, os documentos que comprovem a origem de suas receitas e a efetivação de suas despesas, bem como a realização de quaisquer outros atos ou operações que venham a modificar sua situação patrimonial;

IV — submeter-se, a qualquer tempo, a auditoria pelo Poder Público;

V — destinar seu patrimônio a outra instituição congênere ou ao Poder Público, no caso de encerramento de suas atividades, promovendo, se necessário, a alteração estatutária correspondente;

VI — comprovar, sempre que solicitada pelo órgão competente:

a) a aplicação dos seus excedentes financeiros para os fins da instituição de ensino;

b) a não-remuneração ou concessão de vantagens ou benefícios, por qualquer forma ou título, a seus instituidores, dirigentes, sócios, conselheiros ou equivalentes.

Parágrafo único. A comprovação do disposto neste artigo é indispensável, para fins de credenciamento e recredenciamento da instituição de ensino superior.

Art. 7º-C. As entidades mantenedoras de instituições privadas de ensino superior comunitárias, confessionais e filantrópicas ou constituídas como fundações não poderão ter finalidade lucrativa e deverão adotar os preceitos do art. 14 do Código Tributário Nacional e do art. 55 da Lei nº 8.212, de 24 de julho de 1991, além de atender ao disposto no art. 7º-B.

Art. 7º-D. As entidades mantenedoras de instituições de ensino superior, com finalidade lucrativa, ainda que de natureza civil, deverão elaborar, em cada exercício social, demonstrações financeiras atestadas por profissionais competentes."

Art. 10. Continuam a produzir efeitos os atos praticados com base na Medida Provisória no 1.890-66, de 24 de setembro de 1999, e nas suas antecessoras.

Art. 11. Esta Lei entra em vigor na data de sua publicação.

Art. 12. Revogam-se a Lei no 8.170, de 17 de janeiro de 1991; o art. 14 da Lei nº 8.178, de 1o de março de 1991; e a Lei nº 8.747, de 9 de dezembro de 1993.

Brasília, 23 de novembro de 1999; 178º da Independência e 111º da República.

FERNANDO HENRIQUE CARDOSO
José Carlos Dias
Pedro Malan
Paulo Renato Souza

Este texto não substitui o publicado no D.O.U. de 24/11/1999 (Edição extra)

Este livro foi composto na tipologia Rotis Sans Serif 55,
em corpo 10,5/14,7, impresso em papel off-white 80g/m²,
no Sistema Cameron da Divisão Gráfica
da Distribuidora Record.

Este livro foi composto na tipologia Rotis Sans Serif 55,
em corpo 10,5/14,7, impresso em papel off-white 80g/m²,
no Sistema Cameron da Divisão Gráfica
da Distribuidora Record.